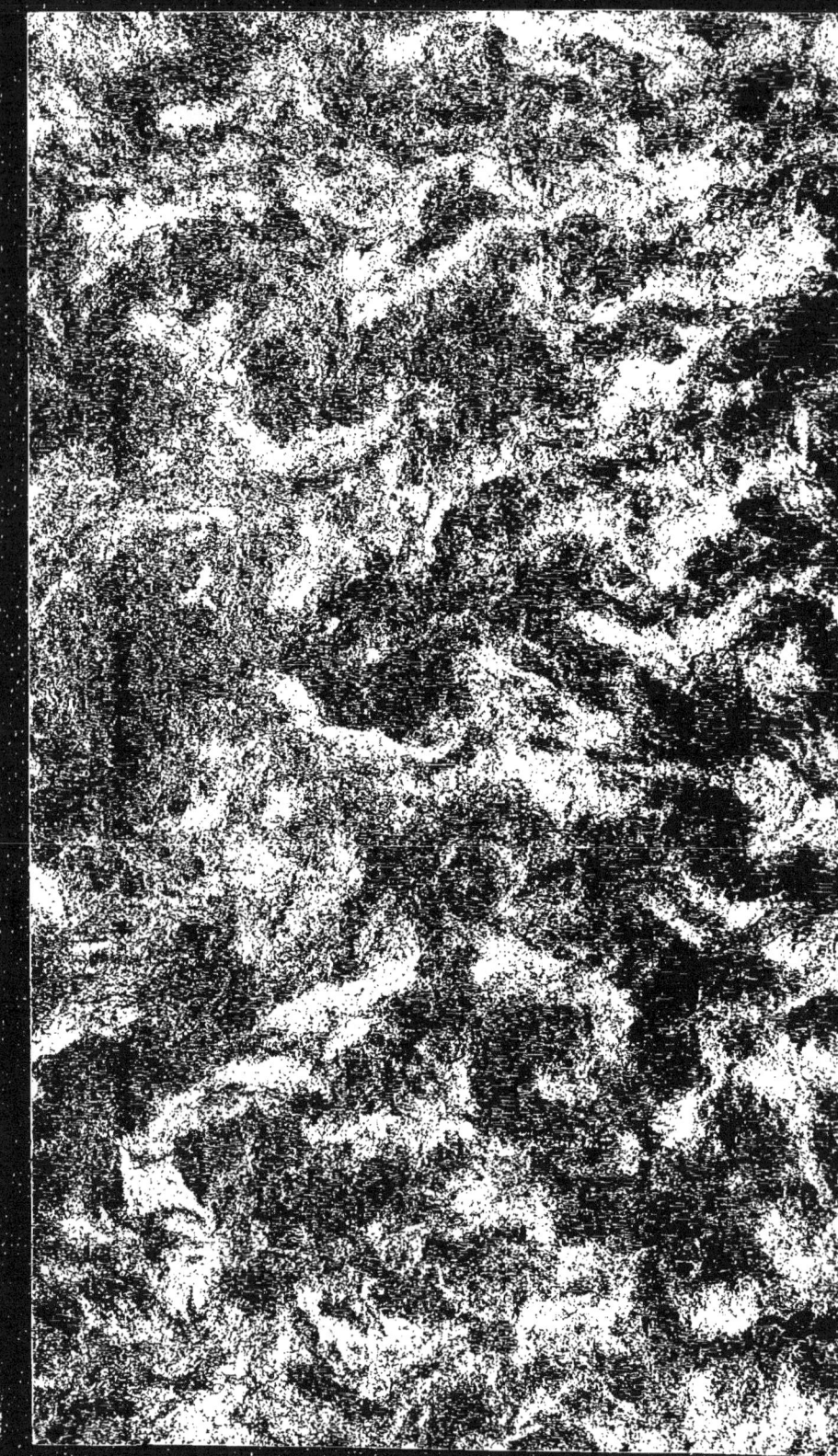

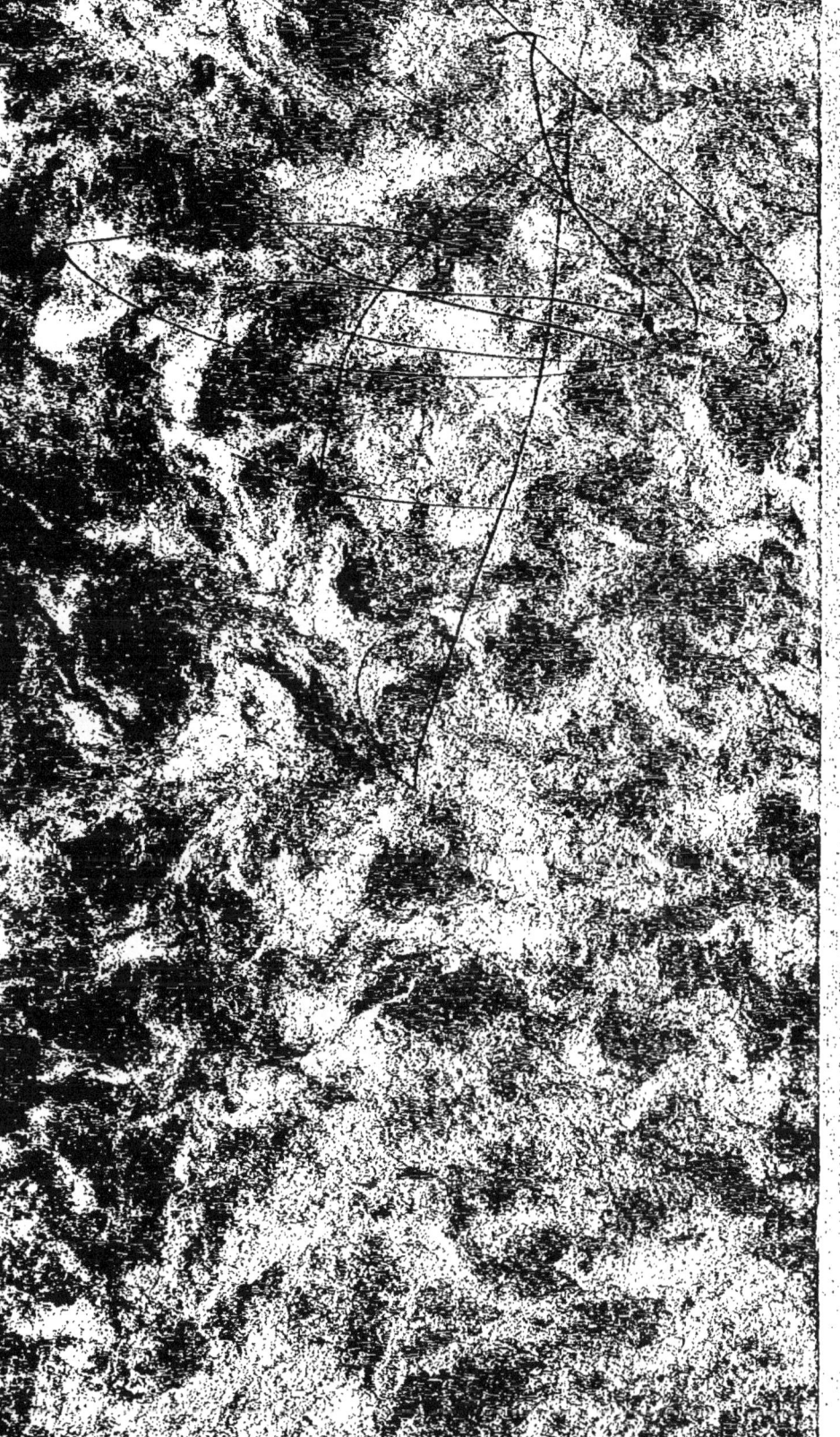

A. FERRET 1980

ESSAI
SUR
L'ART CHRÉTIEN,

SON PRINCIPE,

SES DÉVELOPPEMENTS, SA RENAISSANCE,

Par l'abbé **J. SAGETTE**,

Membre de plusieurs sociétés d'Archéologie, professeur
au petit séminaire de Bergerac.

*Dixit Augustinus quod filius Dei
est ars patris.*
(S. Bonav. *De reduct. art. ad Theolog.
versus finem.*)

PARIS,
LIBRAIRIE ARCHÉOLOGIQUE DE VICTOR DIDRON,
13, RUE HAUTEFEUILLE.

1853.

ESSAI

SUR L'ART CHRÉTIEN.

Périgueux. — Imprimerie d'Auguste BOUCHARIE,
rue de la Miséricorde, 6.

ESSAI

SUR

L'ART CHRÉTIEN,

SON PRINCIPE,

SES DÉVELOPPEMENTS, SA RENAISSANCE;

Par l'abbé J. SAGETTE,

Membre de plusieurs sociétés d'Archéologie, professeur au petit séminaire de Bergerac.

Dixit Augustinus quod filius Dei est ars patris.
(S. BONAV. *De reduct. art. ad Theolog. versus finem*)

PÉRIGUEUX,
CHEZ CHARLES LENTEIGNE, LIBRAIRE-ÉDITEUR, RUE TAILLEFER.

1853.

A. M. DIDRON AINÉ,

Directeur des *Annales archéologiques*.

C'est à vous, mon maître et mon ami, que j'adresse cet opuscule. Marqué de votre nom, revêtu de votre patronage, on l'accueillera avec plus de bienveillance et de sympathie. Depuis long-temps vous travaillez à la réhabilitation du moyen-âge, à la renaissance de l'art chrétien : avec quel talent et quelle ardeur, quel dévouement et quels succès, je ne puis le dire ici, mais la France et l'Europe le savent. Permettez-moi de me mettre à votre suite, de m'appuyer de votre exemple, de m'inspirer de vos travaux. Vous êtes comme un de ces *maîtres des pierres vives* de notre moyen-âge; je serai, si vous le voulez bien, un des maçons de votre confrérie, pour relever sur le sol de notre chère patrie ces monuments de foi, de science et de piété dont elle avait perdu l'intelligence et l'amour depuis trois siècles. Vous travaillez pour l'Église et pour la France, pour la renaissance de la foi comme pour la renaissance de l'art chrétien. Vous avez dit : « Un archéologue est une manière de prédicateur, une variété de missionnaire... On peut convertir des âmes en bâtissant une église, en taillant une statue, en peignant une verrière, comme en prononçant un sermon (1). »

Archéologue et verrier, théoricien et praticien à la fois, vous prêchez aux sens et à l'esprit, vous exercez une double influence sur les âmes, vous travaillez des deux mains à la restauration catholique de notre patrie. C'est vers ce noble but que voudrait attirer quelques esprits ce petit livre que je vous offre ; c'est dans cette pensée qu'il a été écrit. Ce n'est pas un traité sur la matière, vous le verrez bien ; ce n'est pas une étude approfondie sur cet inépuisable sujet, c'est une esquisse, une petite gerbe de quelques pensées et de quelques faits qui tendent à la

---

(1) *Ann. arch.* XI, page 137.

glorification de l'art chrétien, de l'Église et finalement de notre Dieu; c'est un *essai*, le mot est bien choisi, je crois, où sont indiqués, d'après la doctrine des pères et des docteurs, les principes et les éléments de l'art, la pensée intime et l'inspiration de l'art chrétien : la différence essentielle qui le distingue de l'art païen, et, pour la mieux comprendre, le moyen-âge mis en regard de la renaissance; la mission qu'il doit remplir dans l'Église ; le principe de foi qui le vivifie, et l'élément de piété qui l'inspire ; le moine, montré dans le passé comme le beau idéal de l'artiste chrétien, dans l'avenir comme le réorganisateur de la grande synthèse artistique : enfin en quelques détails le tableau de ce mouvement providentiel de réparation et de restauration dont vous êtes un des principaux organes et qui aboutira, s'il plaît à Dieu, *à la renaissance complète de la foi et de l'art chrétien.*

Tels sont les points touchés plutôt que développés dans cet essai, et où sont venus soutenir ma faiblesse et illuminer mon ignorance les grands docteurs de l'Église, saint Augustin le métaphysicien et saint Grégoire l'apostolique, saint Bonaventure le mystique et Guillaume Durand le symboliste. Si l'on connaissait suffisamment les trésors presque inexplorés de notre littérature ecclésiastique, on verrait que l'art chrétien n'était que le revêtement extérieur et plastique, l'expression matérielle et visible de ces idées, familières alors dans le monde chrétien, de cet *esprit* qui animait les saints comme il animait les monuments et les œuvres d'art. C'est cet esprit surtout qu'il faut ranimer, faire revivre, vulgariser et répandre; mais déjà vous n'êtes plus seul, et vous marchez, vous et quelques autres grandes intelligences et puissantes activités, à la tête de toutes les forces vives et de toutes les sympathies chrétiennes, pour reconquérir notre art national et chrétien envahi par les barbares de la renaissance. On l'a compris, c'est là un moyen de prédication facile et puissant, une formule de foi éclatante et solennelle en nos jours d'indifférence et d'abaissement; c'est aussi un acte public de respect et de vénération pour nos pieux ancêtres, une amende honorable pour les insultes que leur prodiguèrent les païens renaissants, lettrés et philosophes. Aussi, il est peu de bons esprits, d'esprits chrétiens, qui n'aident de leur sympathie et de leurs efforts à la divulgation des merveilles du moyen-âge, à la propagation des études archéologiques, à la pratique de l'art chrétien.

Au moyen-âge, toutes les puissances de l'homme s'adressaient à Dieu, formant un harmonieux faisceau relié par la foi. Science et art, politique et poésie, et les travaux de l'esprit, et les créations de l'imagination, et les inspirations du cœur, toute cette végétation spirituelle et mystique de l'homme montait vers Dieu, s'élançait, s'épanouissait sous le regard caressant de cette pure et féconde lumière. A la renaissance, le faisceau fut rompu, et le pédantisme classique en détacha l'imagination, le goût, la fleur de l'esprit et du cœur.

Au XVIIe siècle tant vanté, la raison seule restait à Dieu ; la poésie et l'art, la littérature comme la politique s'inspirèrent des traditions païennes.

Enfin, le XVIIIe siècle, tant honni, consomma la séparation, et ne fit qu'ajouter aux dépouilles remportées par le paganisme la raison de l'homme audacieusement ravie. Aujourd'hui, il s'agit de reconstruire la synthèse du moyen-âge ; il s'agit de ramener à la foi, à l'Église, à Dieu, l'homme tout entier, par toutes ses puissances, par toutes ses aptitudes et toutes ses facultés. Il ne suffit pas d'éclairer sa raison par la pure lumière de la vérité, il faut encore toucher son cœur par l'onction de la piété chrétienne, attirer, charmer, purifier son imagination et ses sens par les splendeurs de l'art chrétien. Tel est le but de vos travaux auxquels cet essai voudrait participer dans sa faible mesure ; telle aussi en sera la récompense et la gloire. Qu'importe après cela que nous ne voyons pas de nos yeux planer la croix ressuscitée au sommet de la cathédrale rebâtie ; qu'importe que nous n'entendions pas de nos oreilles les suaves mélodies renaissant sous ses voûtes redorées ? Nous aurons travaillé au saint édifice : vous, en dirigeant les grandes lignes architecturales, et moi, en apportant et façonnant mon humble pierre. Nous participerons, plaise à Dieu, aux grâces et aux bénédictions de l'Église, et nous aurons toujours *reposita est hæc spes mea in sinu meo* (1), notre place dans la cathédrale invisible des élus qui s'élève sans cesse par la main des anges, et dont le plan divin ne sera complet, dont la voûte immense ne se fermera, dont le faîte sublime ne se couronnera que lorsque l'Église aura réparé toutes les ruines de l'édifice primitif, par la grâce de Jésus-Christ, type sacré de l'art chrétien.

J. S.

Au petit séminaire de Bergerac, xxxi mai, dans l'Octave du Saint-Sacrement.

(1) Job, xix-27.

ESSAI

SUR

L'ART CHRÉTIEN.

*Dixit Augustinus quod filius Dei
est ars patris.*
(S. Bonav. *De reduct. art. ad Theolog.
versus finem.*)

CHAPITRE PREMIER.
De l'art en général.

---

*Hæc est incommutabilis veritas, quæ
lex omnium artium rectè dicitur, et
ars omnipotentis artificis.*
(S. Aug. *De Vera Relig. cap.* XXXI.)

L'art, dans son acception générale et métaphysique, c'est l'intelligence humaine exerçant son activité sur la matière pour réaliser l'idéal. Quelque définition que l'on donne de l'art, grammaticale ou poétique, étymologique ou philosophique, il faut, pour qu'elle soit complète, que ces trois éléments s'y rencontrent : d'une part, l'intelligence qui conçoit ; de l'autre, la matière qui résiste ; et, planant au-dessus de ces deux forces, luttant pour les pénétrer, l'idéal, le type du beau qui se dévoile aux yeux de l'esprit comme un écoulement de la beauté divine, comme un exemplaire de ces *idées vivantes et immuables qui sont dans le Verbe.* Saint Augustin, le grand philosophe catholique, l'esprit le plus métaphysique et le plus délié que nous admirions, même en le comparant aux métaphysiciens du moyen-âge, a dit du Verbe incréé, première et souveraine vie, première et souveraine intelligence, en qui vivre et être sont une même chose, *qu'il est l'art du Dieu sage et tout-puissant, plein de toutes les idées vivantes et immuables* (1). Puisque de l'abondance de sa vie et de l'immensité de son intelligence il arrose toutes les créatures selon leur capacité, à leur rang et en leur lieu, dans la hiérarchie des êtres; puisque l'intelligence humaine participe de lui, non par essence, mais par ressemblance, nous avons dès-lors la raison et comme la Genèse de l'art dans l'homme.

Intelligence et matière, créature formée de deux pièces, l'homme est lui-même un des produits les plus étonnants de cet *art* créateur et souverain qui s'exerce depuis le commencement dans les champs de l'espace du possible et du temps; dès-lors, il cherche lui-même à imiter l'artiste divin qui a mis sur lui son empreinte ineffaçable, en lui quelques traits ineffables de son visage dont il voudrait à son tour marquer les créatures qui lui sont soumises.

(1) *De Trinit.*, l. vi, c. x.

Avant la chute, les idées du beau, les lois métaphysiques de l'ordre et de l'harmonie, les archétypes de créatures visibles se reflétaient en l'homme comme en un pur miroir que nul souffle n'avait terni. Sans efforts, l'homme s'élevait à la hauteur de l'idéal. L'œil de son intelligence, que ne voilait aucun nuage, et qui luisait en lui comme une vive lumière en un ciel serein, percevait les relations des êtres, et parcourait facilement l'échelle de la création, du grain de sable au Chérubin de flammes, mesurant les clartés au degré de ressemblance avec l'artiste divin; et en même temps il se considérait lui-même comme le chef-d'œuvre et l'image de cet artiste créateur et souverain qui avait fécondé le néant et ordonné le chaos. Dans cet état d'innocence, de lumière et d'amour, qui peut dire ce qu'eût été l'art; de quelles splendeurs infinies, de quelles formes divines, de quelles harmonies paradisiaques la matière aurait été revêtue pour obéir aux ordres révérés de son souverain, et exprimer son magnifique idéal? — Mais qui sait même si l'art eût existé, et si l'homme, placé aux confins des deux mondes de l'esprit et de la matière, conversant avec l'un et avec l'autre, et contemplant en lui-même, par l'union étrange et personnelle de ces deux substances opposées, les mystères de l'un et de l'autre, qui sait si l'homme aurait eu besoin de l'art? Qui sait s'il aurait eu besoin de cette *formule* du monde mystique, lui qui en entrevoyait les merveilles, de ce *signe* des types du beau, lui qui en lisait couramment la langue éternelle? Qui sait s'il n'aurait pas rejeté l'art comme un secours inutile, et, sentant des ailes à son âme, s'il n'eût pas repoussé cette échelle harmonieuse qui monte des visibles aux invisibles? Ainsi, les signes inertes d'une langue articulée sont inutiles à de purs esprits, à de lumineuses intelligences qui se parlent et se comprennent en se pénétrant mutuellement de leur lumière et de leur amour.

L'art n'aurait pas existé, on peut le croire. — La nature aurait été dérobée à la destruction, aux déchirements que lui fait subir chaque jour l'inquiète activité de l'homme; l'homme aurait dédaigné les signes, les symboles, les images, pouvant apercevoir assez abondante, quoique à travers les voiles de sa chair et dans l'ombre du temps, la lumière incréée qui ravit les intelligences et rassasie les cœurs. L'oiseau n'a que faire d'un véhicule, quelque rapide qu'il soit, pour s'élancer dans les airs; si la lampe est utile pour éclairer nos pas dans un lieu ténébreux, n'est-elle pas inutile lorsque luit le jour et lorsque l'étoile du matin se lève dans nos cœurs (1)? Il serait inutile de nous arrêter plus longtemps à cette hypothèse, hélas! sans objet. L'homme se précipita bientôt de ces hauts sommets éclairés par le pur écoulement de la vérité et de la beauté

---

(1) II S. Petri, 1-19.

divines, qui devait être pour lui l'aurore du monde invisible et l'aube du plein soleil.

Nous avons à examiner ce qu'est l'art par rapport à l'homme dans l'état de créature déchue, et comment cet être si grand et si dégradé a dû se servir de l'art pour se rapprocher de son état primitif. Tout ce qui procède de l'homme ici-bas a une double signification : la signification du temps et la signification de l'éternité. Tout ce qui sort de lui, le verbe de sa pensée, l'élan de son cœur, la création de son intelligence et de son activité, tout cela est comme lui soumis à une double loi, tout cela est pour ainsi dire comme lui, matière et esprit ; matière soumise au temps et au changement, à la destruction et à la mort ; esprit, fils de l'Éternel et de l'invisible, relevant du ciel et cherchant à se dégager de la matière qui l'opprime, cherchant à l'anéantir dans ses embrassements de feu. Et ces deux éléments sont en lutte sans cesse : tandis que la matière tend en bas, l'esprit s'élance en haut ; il y a lutte, combat, souffrance, parce qu'il y a eu faute, prévarication, déchéance. Aussi devons-nous trouver, dans la notion philosophique de l'art, et la matière et l'esprit, et l'aspiration de celui-ci et la tendance de celle-là, et la déchéance et l'épreuve, et le combat et la souffrance, et le besoin et l'attente inquiète d'un médiateur pacifiant ces luttes acharnées, et *unissant les choses d'en haut aux choses d'en bas*, comme parle l'Église ; de façon que l'art devra nous offrir, dans sa notion la plus pure et la plus simple, comme un miroir où se reflèteront, trait pour trait, les lignes brisées mais grandioses de l'édifice moral de l'homme à demi abattu sous les ruines.

En effet, en considérant la loi providentielle et divine qui dirige les pensées et les actions de l'homme, on voit bien que, dans son état de déchéance, de faiblesse et de ténèbres, il cherche, même en ses égarements, à se réhabiliter, à s'élever dans la pure région de l'esprit. Aussi, l'homme se sert de l'art comme d'un moyen de réhabilitation de force et de lumière; il tâche de pénétrer dans le monde des invisibles, fermé à sa claire vue, par le moyen de ces signes et de ces symboles qui sont pour lui dans l'ordre naturel, comme les *sacrements* pour le chrétien dans l'ordre surnaturel. Sans abuser de la comparaison et sans forcer outre mesure le parallèle, on peut dire peut-être que, de même que par les sacrements, l'homme déchu se remet en communication avec Dieu, le signe sensible et matériel lui communiquant la grâce, mérite divin du sang de Jésus; de même, au moyen de l'art, par ses formules, ses signes et ses symboles, l'homme cherche à se remettre en communication avec le monde des invisibles, la formule lui indiquant le type; le signe, la chose signifiée; le symbole, l'idéal.

L'homme est déchu; il cherche au-dedans et autour de lui tous les moyens de se relever : il se sert de l'art comme d'un secours qui le soulève de son abjection et de ses ténèbres pour le remettre en communication avec la lumière de l'esprit. L'homme est pauvre et nu, dépouillé de sa justice et de son innocence originelles, comme un roi proscrit dépouillé des insignes de la royauté ; l'art vient encore ici au secours de l'homme : il revêt sa nudité d'un splendide et poétique manteau ; il répond à ses gémissements par de mystérieuses et consolantes harmonies ; il ouvre à ses regards ces édifices qui lui rappellent, dans leurs lignes prolongées et leurs perspectives profondes, les lignes divines et les perspectives infinies de l'édifice immatériel qui s'est écroulé au-dedans de lui. L'homme, par instinct et par besoin, cherche le grand, le noble, le beau, l'immense, l'infini. Dans l'art, il poursuit les traces de cette beauté divine dont il a perdu la possession, mais dont l'empreinte est restée dans son âme et dans la nature comme pour irriter ses désirs, enflammer ses espérances et activer ses efforts. Lorsque l'homme élève, mesure et coordonne, en l'honneur de la divinité ou pour son propre usage, ces monuments et ces édifices dont la grandeur, la masse et la richesse sont autant au-dessus de son infirmité qu'au-dessous de la majesté de Dieu, hors de proportion avec ses besoins physiques comme avec le culte qu'il doit à la divinité ; lorsqu'il anime la pierre et le bois, les couleurs et les sons, ce n'est peut-être pas par orgueil, afin de perpétuer sa mémoire et de graver son nom ; c'est surtout pour se dérober au spectacle de sa misère native et pour consoler son exil par une image, quelqu'imparfaite qu'elle soit, de la patrie. Ce n'est pas, comme le voulait un philosophe paradoxal, par oubli de la simplicité naïve et sévère, par corruption de la belle et bonne nature, c'est bien plutôt par souvenir de son premier état d'innocence et de lumière, par aspiration à cet état de transfiguration et de gloire vers lequel gravit en gémissant toute la création, vers lequel s'élance la créature humaine de toute l'ardeur de ses désirs, et avec toutes les ressources de l'art, de l'inspiration et de la poésie.

D'autre part, la nature, révoltée contre l'homme et devenue l'instrument de la vengeance divine, ne lui obéit plus comme autrefois dans l'obséquieuse domesticité de l'état d'innocence; elle a servi d'intermédiaire entre le tentateur et lui, elle lui a été un scandale, avec lui elle a été entraînée dans la chute et la souffrance. Or, l'homme cherche à ressaisir son empire: il attaque, soumet, enchaîne les forces de la nature; il broie et pétrit, taille et coupe la matière, lui imprimant par la force la marque de sa domination, tandis qu'autrefois elle la portait par amour; et il la punit ainsi de sa participation, quoique passive, au drame lamentable de sa déchéance. Enfin, il s'en sert aussi comme d'un piédestal pour asseoir le trône de son intelligence, comme d'une échelle pour pénétrer dans le monde des esprits. Et c'est dans l'art que se concentrent, que se résument, que s'expliquent et que s'élèvent tous ces efforts, et pour ainsi dire toutes ces vengeances de l'homme exerçant ses représailles sur la matière. La nature souffre par nous et avec nous ; la matière a participé à notre chute, elle participe à notre pénitence afin de participer à notre réhabilitation. Cette grande et mystérieuse idée de solidarité entre l'homme et la création dont il est le sommet, saint Paul l'exprime ainsi : « L'attente de la créature se tourne vers la révélation des fils de Dieu, parce que la créature est soumise à la vanité malgré elle, et à cause de celui qui l'a soumise, dans l'espérance qu'elle aussi sera délivrée de la servitude de la corruption pour la liberté de la gloire des fils de Dieu : car nous savons que toute créature gémit et souffre, comme dans l'enfantement, jusqu'à ce jour. Et non-seulement elle, mais nous aussi, qui possédons les prémices de l'esprit, nous gémissons en nous-mêmes, attendant l'adoption des fils de Dieu, la rédemption de notre corps (1). »

Théorie divine de la pénitence et de la réhabilitation, c'est aussi la théorie de l'art, dans sa partie humaine et souffrante, théorie que l'art chrétien seul a comprise dans toute sa profondeur et dont il a fait l'application la plus saisissante. Entre ses mains, ces gémissements de regret et ces pleurs de pénitence ont jailli vers le ciel avec la pointe de ses

(1) *Rom.* VIII, v. 19, 23.

flèches et l'élancement de ses ogives. Et l'artiste lui-même n'a-t-il pas senti, dans sa pensée comme sous sa main, ces gémissements, cette douloureuse angoisse de la conception idéale, cette résistance, et pour ainsi dire cette rébellion de la forme devant la pensée? Et les œuvres d'art elles-mêmes, quelque parfaites qu'elles soient, ne nous montrent-elles pas quelque chose d'incomplet, quelque chose de triste et de mélancolique au-delà de quoi s'élance la pensée et soupire le cœur?

C'est ainsi qu'il faut remonter à la chute de l'homme pour trouver l'explication philosophique de l'art. L'homme, tombé de l'innocence dans le péché, de la lumière dans les ténèbres, de l'esprit dans les sens, nous explique la naissance, le progrès, les modifications de l'art; comme aussi sa double nature nous explique la puissance et pour ainsi dire la nécessité de l'art comme auxiliaire de la pensée et du culte. Ainsi, l'art n'est pas un but, il est un moyen; l'esprit de l'homme ne se repose pas en lui, il s'en sert comme d'un instrument, il s'en fait comme deux ailes pour s'envoler au ciel, à l'imitation du fabuleux Dédale, symbole de l'art antique. Dans son expression la plus haute, et pour ainsi dire dans sa complète floraison, l'art est essentiellement religieux, car l'homme, pour se rattacher à la divinité, emploie tous les moyens et surtout celui-là, qui contient à la fois la souffrance et la réparation, l'hommage de l'esprit et l'hommage du corps. Tous les peuples l'ont compris ; et les premiers monuments que l'on rencontre sur le sol des nations comme dans leur histoire, ce sont des temples; l'homme ne détourne l'art à son usage qu'après en avoir consacré les prémices et payé la dîme à la divinité. Aussi, partout où l'on verra l'art *sécularisé*, comme on dit de nos jours, affranchi du joug sacerdotal, comme on disait encore il n'y a pas long-temps, l'on peut assurer que l'art a baissé avec le sentiment religieux, et que, devenu une chose commune et profane, il n'a plus ni son inspiration, ni sa loi, ni sa puissance, ni son enseignement. Dans les trois derniers siècles, cette décadence parallèle, ou plutôt conséquente, de l'art et du sentiment religieux, est surtout visible. Et si de nos jours l'art semble reprendre quelque vie et quelque puissance, c'est que le sentiment religieux prend de la ferveur et de l'élan. Né pour l'homme du besoin de se remettre en communication avec Dieu, l'art ne trouvera jamais son complet développement que dans le commerce divin de l'aspiration, du culte et de la prière.

En outre de cette explication religieuse, l'art a aussi son explication et sa conception psychologiques. « Si je demande à un artiste, dit saint Augustin, pourquoi, après avoir construit un arc, il en construit un autre semblable en face de celui-là, il me répondra, je pense, que c'est afin que les membres d'un édifice qui se correspondent soient égaux. Or, si je pousse mes questions, et si je lui demande quel est le motif de son choix, il me dira que cela convient, que cela est beau, que cela charme les yeux; et il n'osera pas aller plus loin. Penché sur son œuvre, il y repose ses yeux, et ne comprend pas d'où provient cette loi de beauté. Mais, moi, je ne cesserai d'avertir l'homme, dont l'œil intérieur est ouvert pour voir les choses invisibles, d'examiner pourquoi ces choses plaisent, afin qu'il ose être juge de la délectation humaine. Ainsi, il s'élève au-dessus d'elle et ne se laisse pas retenir par son charme lorsqu'il ne juge pas d'après elle, mais la juge elle-même. Et d'abord je demanderai si les choses sont belles parce qu'elles plaisent, ou si elles plaisent parce qu'elles sont belles; on me répondra sans aucun doute qu'elles plaisent parce qu'elles sont belles. Je demanderai ensuite pourquoi elles sont belles, et si on hésite à me répondre, je demanderai si c'est parce que les parties sont semblables entre elles et parce que leur union les relie en une savante harmonie. Et lorsqu'il sera clair qu'il en est ainsi, je demanderai si cette même unité, vers laquelle tendent ces différentes parties, elles la réalisent complètement ou si elles sont bien au-dessous, et en quelque sorte la contrefont. Que s'il en est ainsi, qui ne verra pas, avec quelque attention, qu'il n'est aucune forme ni aucun corps qui n'ait un vestige tel quel d'unité, et que, quelque beau que soit ce corps, puisque l'intervalle des lieux en retient çà et là les diverses parties, il ne peut réaliser l'unité vers laquelle il tend? Et s'il en est ainsi, m'adressant à l'artiste, je lui dirai avec raison : D'où connais-tu cette unité, d'après laquelle tu juges les corps? Si tu ne la voyais pas, tu ne pourrais juger qu'ils ne la remplissent pas. Mais si tu la voyais de ces yeux du corps, tu ne dirais pas vrai, quoiqu'ils aperçoivent ses traces, en disant qu'ils en sont bien éloignés ; car, par les yeux du corps, nous ne voyons que les choses corporelles. Nous la voyons donc par l'esprit ; mais où la voyons-nous? Si c'était dans le lieu où est notre corps, il ne la verrait pas, celui qui, de la même manière, juge des corps dans l'Orient. Elle n'est donc pas contenue dans un lieu, et puisqu'elle est présente à quiconque juge, elle n'est nulle part dans les espaces des lieux, et, par sa puissance, il n'est pas un lieu où elle ne soit pas (1). »

Voilà comment l'art est un entremetteur entre les choses corporelles et les choses spirituelles, entre les lois du monde intérieur et les formes du monde sensible. L'esprit de l'homme porte en lui-même un

---

(1) *De vera relig.* cap. XXXII. (Ce beau traité de la vraie religion semble adressé plus spécialement aux artistes pour les élever du monde matériel au monde invisible, et pour conclure des lois intimes de l'art à l'unité suprême, à la vérité divine manifestée et enseignée par la *vraie religion*. De nos jours, ce traité pourrait être utile aux nombreux artistes matérialistes qui pratiquent l'art païen, et même un peu l'art chrétien).

idéal de perfection et de beauté qu'il a reçu en recevant l'empreinte de « l'immuable vérité, qui est la loi de tous les arts, et l'art du souverain artiste. (1) » Cet idéal, en même temps qu'il doit le réaliser dans ses pensées et dans ses actions, dans la partie morale de son être, l'homme doit chercher, et il cherche invinciblement à le réaliser dans ses conceptions, dans ses œuvres d'art, où l'intelligence se mêle à la matière pour lui donner la forme et la vie. C'est là un besoin qui dévore toute intelligence s'élevant au-dessus de la matière, *ingemiscit et parturit*. D'un côté, l'idéal sollicite l'artiste à s'élever jusqu'à sa contemplation, et lui dévoile les charmes de sa beauté, l'attrait de ses perfections; l'unité souveraine fait couler dans son âme la connaissance de ses lois et l'illumination de sa présence; et, d'un autre côté, la matière oppose à ses efforts l'inerte résistance de son impassibilité; tandis qu'il sent en lui-même la débilité de ses forces, la faiblesse de ses organes et l'impuissance de ses moyens. Alors il se fait, entre l'artiste et l'idéal, une de ces luttes mystérieuses et sublimes où les forces humaines, embrassant les forces divines, cherchent à les pénétrer et à les dompter. L'antiquité païenne symbolisa cette lutte dans son Prométhée, et l'artiste chrétien peut trouver, dans la lutte de Jacob contre l'ange, l'image de ses luttes, de ses efforts et de ses victoires. « Il

---

(1) *De vera relig.* cap. XXXI.

demeura seul : et voilà qu'un homme luttait avec lui jusqu'au matin; lequel voyant qu'il ne pouvait le vaincre, toucha le nerf de sa cuisse, qui aussitôt se desséchà, et il dit à Jacob : Laisse-moi aller, car déjà monte l'aurore. Et Jacob répondit : Je ne te laisserai pas aller, à moins que tu ne me bénisses. L'ange lui dit : Quel est ton nom ? Il répondit : Jacob. Mais lui, nullement, dit-il, Jacob ne sera pas ton nom, mais Israël. Car si tu as été fort contre Dieu, combien mieux prévaudras-tu contre les hommes ? Et Jacob lui dit à son tour : Dis-moi de quel nom tu t'appelles ? Il répondit : Pourquoi demandes-tu mon nom ? Et il le bénit en ce même lieu. Et Jacob appela ce lieu Phanuel, disant : J'ai vu Dieu face à face, et mon âme a été sauvée. Et aussitôt le soleil se leva (1). »

Telle est la lutte et tel sera le résultat, si l'artiste, humble et fort comme Jacob, ne lutte que pour la bénédiction de Dieu et la vénération de la postérité. Cette lutte, entre l'artiste et l'idéal d'une part, et, de l'autre, entre l'artiste et la matière; double lutte dont l'artiste est toujours le patient, et qui lui laisse, comme à Jacob, malgré son triomphe, la marque de la souffrance et la trace d'une vengeance divine, nous indique la mission réparatrice de l'art et la dignité de l'artiste. L'art, dans ce sens, sera non-seulement un moyen d'initiation, mais encore un moyen de régénération. La nature a péché avec

(1) *Genes.*, xxxi, 24-31.

l'homme, la matière avec l'esprit ; elles font pénitence en passant par les épreuves, et l'on pourrait dire par les souffrances réparatrices du travail. Dans une de ses hymnes, qui contiennent tant et de si belle poésie, l'Église indique cet ordre d'idées ; et, comparant l'édifice spirituel des âmes aux édifices matériels, le travail de la grâce au travail de l'artiste, elle dit : « Travaillées et polies par les coups du ciseau salutaire, par les coups répétés et par le marteau de l'ouvrier, les pierres construisent cet édifice ; liées et coordonnées entre elles, elles s'élèvent jusqu'au faîte (1). »

Ce n'est pas seulement dans l'art chrétien que l'on découvre ces intentions réparatrices et cette haute portée morale et religieuse. L'art, en tant qu'art, dans ses simples éléments constitutifs et philosophiques, n'est ni chrétien ni païen ; il est simplement humain, et, comme tout ce qui se rattache à l'homme, en dehors de toute religion positive, on peut l'étudier et l'apprécier dans ses abstractions métaphysiques. Eh bien ! dans ces simples éléments, on découvre très bien la mission palingénésique de l'art. Dans les conditions actuelles de l'humanité, qui dit action dit effort, qui dit effort dit souffrance, qui dit souffrance dit expiation, qui dit expiation suppose déchéance et appelle réhabilitation. De façon que l'art, même dans sa partie ma-

(1) *Hym. vesp. in dedica Eccles.*

térielle et mécanique, rentre dans ce grand travail de pénitence qui est la tâche laborieuse de l'humanité, et par là il montre l'homme déchu aspirant à sa réhabilitation. En nous élevant plus haut, l'art sera un auxiliaire de la religion, car il a pour ainsi dire la même origine du côté de l'homme, le besoin qui est en lui de se relever et de se rattacher au ciel. Enfin, dans son acception la plus idéale et la plus symbolique, l'art sera un *médiateur plastique* destiné à mettre l'homme en communication avec le monde des invisibles : médiateur incomplet sans doute et d'une efficace bien restreinte; mais il figure, annonce et suppose un plus grand médiateur. Et de même, selon saint Augustin, que l'art n'est qu'une imitation de l'action du Verbe, *l'art du Dieu tout puissant*, de même il sera le symbole et le précurseur du Verbe incarné, d'artiste souverain devenu créature, de Dieu fait homme, pour réparer dans les âmes l'image effacée de la beauté divine.

Au reste, saint Bonaventure, un grand docteur et un grand artiste, lui aussi, synthétisant les connaissances humaines dans un de ces opuscules brefs et concis, mais éclatants de lumières, comme il en a tant écrit, nous dit à ce sujet : « On peut trouver dans l'illumination de l'art (manuel) dont la fin est tout entière dirigée vers les productions artistiques, et la génération du Verbe, et l'incarnation, et l'ordre de la vie, et l'alliance de Dieu et de l'âme. Et cela, si nous considérons la source, l'effet et le fruit, l'art de l'artiste, la qualité de l'œuvre d'art et l'utilité du fruit qu'on en retire. Si nous considérons la source, nous verrons que l'œuvre artistique vient de l'artiste, moyennant une similitude existant dans l'esprit, par laquelle l'artiste pense avant de produire, et ensuite produit comme il l'a disposé dans son esprit. Or, l'artiste produit extérieurement une œuvre la plus semblable qu'il peut à l'exemplaire intérieur. Et s'il pouvait produire une œuvre qui l'aimât et le connût, sans doute il le ferait. Et si cette œuvre connaissait son ouvrier, ce serait moyennant la ressemblance, selon laquelle elle serait sortie de l'artiste. Et si elle avait les yeux de la connaissance voilés, de sorte qu'elle ne pût s'élever au-dessus d'elle-même, il serait nécessaire pour cela, pour être conduite à la connaissance de son ouvrier, que la ressemblance par laquelle l'œuvre aurait été produite condescendît jusqu'à cette nature qui pourrait être saisie et comprise par elle. Comprends par là, que nulle créature n'est sortie du divin artiste, sinon par le Verbe éternel, en lequel il a tout disposé, et par lequel il a tout produit, non-seulement les créatures ayant quelque vestige, mais l'image de la raison, afin qu'elles puissent s'assimiler à elle par la connaissance et par l'amour. Et comme par le péché la créature raisonnable a eu l'œil de la contemplation obscurci, il fut très convenable que l'éternel et l'invisible se fît visible et prît chair afin de nous ramener vers le Père. Et voilà ce qui est dit : Personne ne vient au Père, sinon par moi. Et encore : personne ne connaît le Père, sinon le Fils et celui à qui le Fils aura voulu le révéler. Et c'est pourquoi il est dit : Le Verbe a été fait chair. Or donc, considérant l'illumination de l'art, quant à la conception de l'œuvre, nous trouverons là le Verbe engendré et incarné, c'est-à-dire la divinité et l'humanité, et l'intégrité de toute la foi. » Et le saint docteur continue en parcourant les hauts sommets de cette théologie artistique, et il explique comment l'œuvre en elle-même, belle, utile et durable, nous invite à faire ainsi des œuvres belles, utiles et durables pour le ciel; comment l'artiste, se complaisant dans son œuvre, qui lui produit les biens et la gloire, est l'image de Dieu, artiste souverain, faisant l'âme raisonnable pour être loué, servi par elle, et pour lui être bonheur et repos :

« Et voilà, conclut le docteur Séraphique, de quelle manière l'illumination de l'art est une voie pour l'illumination de la Sainte Écriture; et il n'est rien en lui qui n'annonce la véritable sagesse (1). »

Il est vrai, ce n'est guère ainsi que l'antiquité comprit l'art et le pratiqua ; et nous aurons tout à l'heure occasion de remarquer comment le paganisme faussa et détourna ces grands principes; comment le christianisme les restaura et leur fit produire d'admirables conséquences; quelle profonde

(1) *De reductione art. ad Theolog.*

différence existe entre l'art compris et pratiqué sous l'influence des idées païennes, et l'art compris et pratiqué sous l'influence des idées chrétiennes. Mais si le paganisme ne comprit pas ainsi la signification de l'art et sa haute portée, la faute en est toute à lui, et ne diminue en rien ni la signification théologique ni la portée morale et religieuse de l'art. Nous savons, d'ailleurs, d'après saint Paul : « Que Dieu leur manifesta la vérité, car les invisibles, depuis la création du monde, sont comprises et vues au moyen des choses qu'il a faites, de même que sa vertu éternelle et sa divinité : de sorte qu'ils sont inexcusables, car, comme ils connaissaient Dieu, ils ne l'ont pas glorifié comme Dieu, ou ne lui ont pas rendu grâces; mais ils se sont évanouis dans leurs pensées, et a été obscurci leur cœur insensé, car, se disant sages, ils sont devenus fous. Et ils ont changé la gloire du Dieu incorruptible en la ressemblance de l'homme corruptible, et des oiseaux, et des quadrupèdes, et des serpents. C'est pourquoi Dieu les a livrés aux désirs de leur cœur, à l'impureté, pour accabler eux-mêmes leurs corps d'infamies. Ils ont changé la vérité de Dieu en mensonge : et ils ont adoré et servi la créature de préférence au créateur, qui est loué dans tous les siècles (1). » Telle est la cause de cette déviation des grands principes de l'art ; et puisque, comme le dit Joseph de Maistre :

(1) *Rom.*, i, 20-26.

« Rien n'est faux dans le paganisme, mais tout est corrompu (1), » la corruption de l'art suppose sa pureté primitive. Sa déviation indique la place qu'il devait occuper dans l'harmonie originelle. Mais, encore une fois, qu'importent ces dégradations postérieures à la vérité du système primitif de l'art, si magnifiquement exposé par saint Augustin et saint Bonaventure? Il n'en est pas moins vrai que, dans ses éléments constitutifs et métaphysiques, l'art, irradiation secondaire de l'éternelle vérité, reflet du Verbe incarné, ombre et figure du divin médiateur, devait être à l'homme comme l'échelle lumineuse de Jacob, pour le mettre en communication avec les choses d'en haut.

Tel est l'art dans sa signification générale : essentiellement symbolique et religieux. Chaque peuple l'a modifié selon ses idées, ses mœurs, ses pratiques; selon son caractère, son ciel, son climat; et l'on remarque que l'esthétique varie selon la religion, comme le génie et la civilisation varient selon les dogmes et les croyances. Il serait curieux d'examiner comment reconnurent ou dénaturèrent, appliquèrent ou défigurèrent ce fonds d'idées philosophiques et théologiques, les différents peuples qui pratiquèrent l'art faisant de ce médiateur plastique l'expression de leur culte et de leur prière, de leur génie et de leur civilisation. Mais ici nous ne pouvons entrer

---

(1) *Eclaircissement sur les sacrif.*

dans les détails, cet essai ne comporte que des idées générales; il faudrait d'ailleurs une autre science et d'autres études que celles-ci. Et puis, ceci n'est pas une histoire de l'art, c'est un coup-d'œil à travers les siècles et les œuvres plastiques pour en saisir le caractère, en dégager le sens, et en ramener la lumière sur la résurrection actuelle de l'art chrétien.

Pour nous résumer, concluons en disant que l'art, dans son essence, est l'expression de ces idées d'unité, d'ordre et de beauté que le verbe humain a reçues du Verbe divin ; l'expression même de ce Verbe incréé, dont quelques rayons brillent dans toute œuvre d'art; l'imitation de l'artiste souverain qui a créé selon le type éternel de son divin fils, de son exemplaire intérieur; l'auxiliaire de la réparation, et comme un médiateur secondaire rattachant le monde des visibles au monde des invisibles; enfin, le complément du culte et la forme plastique de l'adoration et de la prière. Dans l'œuvre réparatrice qui par le Christ nous a reliés à Dieu, l'art est le premier degré qui monte de la nature à l'idéal, de la matière à l'esprit, de la créature au créateur, de l'homme à Dieu. « Tout don excellent, devons-nous conclure en empruntant les paroles de saint Bonaventure, et tout présent parfait descend d'en haut, du père des lumières, dit saint Jacques. Dans cette parole est montrée l'origine de toute illumination ; et en même temps est insinuée la libérale émanation d'une lumière multiple, de cette source lumineuse.

Quoique toute illumination soit intérieure par la connaissance, nous pouvons cependant raisonnablement distinguer ce qui est lumière extérieure, c'est-à-dire la lumière de l'art; lumière inférieure, c'est-à-dire lumière de la connaissance philosophique; lumière supérieure, c'est-à-dire lumière de la grâce et lumière de la sainte écriture. La première illumine par rapport à la forme artistique, la seconde par rapport à la forme naturelle, la troisième par rapport à la vérité intellectuelle, la quatrième et dernière par rapport à l'ordre du salut (1). » Telle est la place que l'art occupait originairement, comme ont pu le faire comprendre quelques-unes de nos déductions, et c'est à cette place, secondaire il est vrai, mais toujours grande et noble puisqu'il entremet l'homme et Dieu, que devra le faire remonter, le régler et le contenir, la force du principe chrétien.

CHAPITRE II.
De l'art païen et de l'art chrétien.

Ut ipsa corporis species simulacrum fuerit mentis
(S AMBR. *De Virginibus.* — AD. MARCEL. *Soror. lib.* II, *post initium.*)

Le beau, c'est la sainteté; le laid, c'est le péché. Depuis la chute, telle est la loi morale des êtres; telle est la loi artistique, car ici la loi artistique cor-

(1) *De reduct.*

respond à la loi morale, à la loi dogmatique ; telles croyances, telles mœurs, telle civilisation, tel art ; telle religion, telle esthétique. Nous l'avons vu ; l'art, dans son principe, dans ses éléments constitutifs, n'est soumis qu'à la loi générale qui gouverne tous les êtres. Il est le reflet de l'intelligence humaine, éclairée jusque dans sa chute par les rayons brisés du Verbe éternel. Mais, dans son application, l'art se modifie selon les croyances, les mœurs, la civilisation. Considéré dans son essence, il est une abstraction qui ne touche qu'aux éléments de la personnalité humaine ; considéré dans l'application, il vit et se meut, agit et parle selon le mouvement de la pensée et le souffle de l'esprit. Le paganisme, au lieu de seconder et de développer dans leur portée religieuse et morale les principes de l'art, les pervertit en les appliquant, comme il fit du reste de toutes les facultés de l'homme, et il fit de l'art l'esclave et l'instrument de ses passions. Dès lors, l'art ne devint plus un moyen de pénitence et de réhabilitation, de culte et de prière ; il devint un moyen de plaisir et de jouissance, de luxe et de corruption.

Le christianisme rendit à l'art sa première dignité, et l'appliqua tout entier à relever l'homme et à glorifier Dieu. Ces deux directions sont restées imprimées sur la face de l'art en caractère indélébile. Et cette différence, cette opposition entre l'art inspiré par le paganisme et l'art inspiré par le christianisme, entre l'*art païen* et l'*art chrétien*, tranchons le mot, est tellement profonde, comprise et avouée de tous, qu'il y a une espèce de profanation, même pour les esprits les moins accessibles aux idées mystiques, à introduire dans l'un de ces arts les types et les formes de l'autre, d'exprimer par les procédés de l'art sensuel et voluptueux les idées de l'art religieux et mystique.

Prenons un exemple : comparez Aspasie, l'hétaire grecque, le type de la beauté païenne, à sainte Élisabeth de Hongrie, la sainte catholique, le type de la beauté chrétienne. Demandez à l'art une image de ces deux âmes si différentes. Dans l'une vous trouverez une beauté qui correspond aux croyances et aux mœurs de la Grèce; une beauté sensible et sensuelle, de belles lignes, des contours harmonieux, de riches formes, de la passion, de la volupté; la chair enfin avec tous ses charmes, toutes ses amorces, toutes ses couleurs : la chair vivante, admirée, divinisée, adorée; mais rien que la chair. Dans l'autre, au contraire, vous trouverez une beauté qui est l'expression des croyances et des mœurs du moyen-âge : des lignes, des contours, des formes, des couleurs, il y en a sans doute et d'admirables, mais qui n'arrêtent pas le rayonnement de l'esprit; c'est une chair purifiée et mortifiée : un corps modeste empreint de la majesté de la vertu et de la grâce de l'innocence; il y a une auréole radieuse autour de ce front pudique, un reflet du ciel dans ces yeux levés aux extases d'en haut ou baissés aux pitiés de la terre; c'est une belle âme, une âme sainte, rayonnante à travers le voile immaculé d'une chair crucifiée; et, comme dit admirablement saint Ambroise, « une lampe intérieure qui luit à travers un vase d'albâtre (1). »

L'art chrétien a pour idéal la beauté même, l'éternelle beauté incarnée pour se rapprocher de nous, pour se faire mieux voir, mieux admirer, mieux comprendre : elle est descendue sur la terre pour être plus près de nos yeux et de notre cœur, pour mieux servir d'exemplaire à nos pensées et à nos actions, aux affections du cœur et aux conceptions de l'intelligence. « Vous êtes véritablement beau, dit saint Grégoire de Nysse, commentant, avec une admirable poésie de mysticisme, le cantique des cantiques, vous êtes véritablement beau; non-seulement beau, mais l'essence même de la beauté toujours subsistante; et vous n'avez pas fleuri pour un temps ni dans un moment perdu votre fleur de beauté; mais avec l'éternité de la vie vous avez étendu en même temps votre grâce et votre beauté, vous dont le nom est bonté et charité parmi les hommes. Vous êtes donc venu, beau et gracieux, ô mon frère, et vous vous êtes approché, en vous voilant, du lit de souffrance où se mourait notre pauvre humanité. Car, si vous ne vous étiez vous-même

(1) *De Virgin.*, etc. lib. II.

couvert d'ombre, lorsque, par la forme d'un esclave, vous avez voilé le pur rayon de la divinité, qui aurait pu soutenir votre apparition? Vous êtes donc venu plein de beauté, mais de sorte que nous puissions en soutenir l'éclat. Vous êtes venu en ombrageant les rayons de la divinité du voile de votre corps (1). » Jamais l'éternelle beauté ne s'est approchée si près du paganisme, et n'a répandu sur lui le rayonnement mystique de la beauté spirituelle; jamais l'art païen n'a pu contempler ainsi à loisir le type éternel du beau pour en imprimer sur ses conceptions et ses œuvres le caractère divin.

Il y a donc une beauté païenne et une beauté chrétienne, un art païen et un art chrétien. Il faudrait avoir bien peu réfléchi pour le nier. D'où viennent ces deux beautés qui caractérisent deux arts si différents? De ces deux arts, quel est le vrai, quel est le faux, ou plutôt tous deux ne sont-ils pas vrais, l'un en bas, l'autre en haut, l'un fini, mort, enseveli avec les dernières vieilleries mythologiques; l'autre, vivant encore, ou plutôt, comme le phénix chanté par Lactance, revivant de ses cendres avec la foi, avec la piété, avec la poésie catholiques? On pourrait trouver un certain intérêt à examiner ces diverses questions.

Que l'art doive se modifier selon les croyances et que l'esthétique ait sa racine dans la religion, c'est

---

(1) *In cant. cant. homilia IV.*

une vérité de principe plutôt que de démonstration. Le dogme s'empare de l'intelligence humaine et la façonne à son gré, la féconde ou la stérilise, la remplit de lumière ou de ténèbres, la redresse vers le ciel ou l'incline vers la terre, l'allume ou l'éteint, selon que ce dogme est la vérité ou l'erreur, selon la mesure de vérité qu'il révèle ou la masse de ténèbres qu'il impose. Or, l'art dans son principe, l'art dans ses éléments constitutifs, procède de l'intelligence, non pas originairement, si l'on veut, mais comme par un milieu placé entre le Verbe éternel et son rayonnement lumineux de vérité, de beauté, d'unité, d'harmonie. Ainsi, plus abondant et plus pur sera le rayonnement de cette lumière incréée qui éclaire tout homme venant en ce monde, plus abondante et plus pure sera la beauté de cet art destiné à reproduire les types invisibles de la pensée. Platon a dit : « Le beau, c'est la splendeur du vrai »; et on l'a tant de fois répété après lui, que cette parole est devenue un lieu commun, cette vérité un axiome. Si donc le beau est la splendeur du vrai, l'art n'étant que l'effort extérieur de la pensée, coordonnant, animant la matière pour réaliser le beau, l'art ne sera lui-même que la splendeur du vrai, l'incarnation plastique de la beauté.

Mais ce n'est pas tout encore, et la démonstration ne finit pas là. Tous les peuples ont été chargés de nous démontrer que l'art a une origine religieuse, et qu'il est un auxiliaire du culte, un médiateur partout employé, en consacrant à la divinité les premiers, les plus beaux et les plus vénérés monuments du génie humain. Cela étant, qui s'étonnera de trouver dans la religion, non-seulement l'inspiration, mais la forme de l'art ? Étant comme la formule la plus saisissante du culte, l'art se modèlera d'après ce culte ; étant l'expression matérielle du dogme, l'art en racontera la génération dans la pureté de ses lignes, la beauté de ses formes, la signification de son symbolisme. Prenons l'architecture comme synthèse de l'art. On a remarqué qu'elle suivait la direction du dogme et qu'elle en traduisait aux yeux la puissance mystérieuse. Elle sera gigantesque et massive, agrégée par blocs mal unis dans l'Inde, où l'intelligence est abîmée dans le panthéisme, où l'homme est écrasé sous les forces luxuriantes de la nature. Dans l'Egypte, elle se creusera de vastes nécropoles et de sombres hypogées, fera gémir la terre du poids de ses pyramides encore inexpliquées, élèvera vers le ciel le doigt immobile et colossal de ses obélisques, monuments pleins de mystère et de silence comme le secret de ces sanctuaires où le prêtre gardait la doctrine sacrée. Ailleurs, sous le ciel riant et parfumé de la Grèce ouvert aux influences du plaisir et de la volupté, des séries de colonnes aux contours harmonieux soutiendront des frontons corrects et élégants chargés de sculptures et rasant le sol, comme ces dieux faciles, à peine au-dessus de l'homme par leur puissance, souvent au-dessous par leurs vices. Là, rien d'énorme, de grandiose, d'étonnant par la masse ou le volume; mais l'élégance, la perfection, la correction des lignes, le fini des formes, quelque chose que l'œil mesure sans effort, que le regard embrasse avec volupté; rien au-dessus, rien au-delà. A Rome, point d'architecture indigène, point d'art national; Rome est la métropole de l'univers; mais l'art grec, le type le plus exact du paganisme, l'art grec agrandi pour recevoir dans son sein les dieux de toutes les nations; reliant ses membres par le cintre solide de ses arcades, comme la domination romaine reliant tous les peuples en une forte et tyrannique unité.

Au moyen-âge, au contraire, alors que le génie chrétien arrive à toute sa puissance, ce ne sont ni les masses désordonnées de l'Inde, ni les pyramides mortes de l'Égypte, ni la plate-bande d'Athènes, ni l'arcade de Rome, c'est une architecture originale et forte, dont le pied presse la terre, dont le front touche les nuages, et qui tout entière aspire au ciel comme les ardentes espérances de la foi chrétienne; c'est l'arcade ogivale, symbole de la lumière par l'indivisible Trinité; ce sont des faisceaux de colonnes, le lien de l'unité dans la diversité de l'harmonie; c'est la rose ouvrant à l'Orient, étalant à l'Occident ses pétales illuminés de soleil et de saintes images; c'est une architecture peuplée et vivante, inébranlable comme le roc, aérienne comme l'aile des anges, pleine à la fois de réalité et de symbolisme, de mysticisme et de poésie; assez large pour recevoir tout un peuple dans son sein, assez intime pour entendre les soupirs de l'âme et recueillir les larmes du cœur. Telle est la vérité catholique.

Il est donc nécessaire que l'art se modifie selon la croyance, puisqu'il est la forme extérieure du dogme. Qu'il en soit ainsi partout et toujours, que chaque œuvre d'art porte l'empreinte ineffaçable et visible à tous de la religion qui l'a vu naître, que chaque artiste, bon gré, mal gré, devienne ainsi le catéchiste d'une vérité à laquelle il ne pense pas et que souvent il ne croit pas, ce serait de l'exagération. Mais que les œuvres des artistes sérieux portent cette empreinte, que l'ensemble des œuvres d'art, d'une période et d'une religion, indiquent la croyance des esprits et la tendance des cœurs; qu'en un mot, pour l'œil attentif et pour l'esprit réfléchi, le dogme influe sur l'art, c'est ce que personne ne contestera.

Après la religion, les mœurs et les institutions ne sont pas sans une grande influence sur l'art. Que les âmes prennent certaines directions, que les mœurs publiques s'altèrent ou s'épurent, que les vérités morales qui règlent l'homme et la société dans leurs relations extérieures, dans leur épanchement au-dehors, soient diminuées ou augmentées, négligées ou pratiquées avec ardeur, l'art se ressent de ces influences. Dans sa mission, il suivra les déviations des mœurs par ses propres abaissements, ou les guidera par ses pures manifestations dans leur ascension vers l'éternelle vérité.

L'art embrasse tout l'homme, l'exprime tout entier, et dans son esprit, et dans son cœur, et dans son corps; c'est comme un kaléïdoscope, où se réflètent toutes ses facultés. Tel homme, telle société; tel art, telle esthétique. C'est là surtout ce qui fait la puissance de l'art, ce qui en constitue l'influence incalculable sur les masses qui vivent et qu'on enseigne surtout par les sens. Que les mœurs s'abaissent et se corrompent, que l'art s'abaisse et se matérialise, et aussitôt ils vont l'un l'autre se précipitant; les mauvaises mœurs asservissent l'art dégradé, et l'art dégradé corrompt les mauvaises mœurs; c'est à qui descendra le plus bas; jusqu'à ce qu'enfin arrive la barbarie, cette barbarie horrible qui est la corruption de la civilisation dévoyée, et comme l'immense putréfaction d'une société d'où s'est retiré l'esprit de vie. Nos pères l'ont vu, ce siècle de dégradation intellectuelle, morale et artistique, ce siècle du sophisme et de la moquerie, ce siècle de l'obscène, du sanglant et du laid.

La différence essentielle qui existe entre l'art païen et l'art chrétien, puisque enfin il y a un art païen et un art chrétien, comme il y a une religion, une civilisation, une société païennes, une religion, une civilisation, une société chrétiennes; la différence essentielle au fond entre ces deux arts provient de la croyance et des mœurs. Le paganisme avait à peine conservé quelques vestiges des vérités antiques et traditionnelles; ces vestiges, mêlés aux passions et aux erreurs natives de l'homme, formaient le fond de sa religion : religion sensuelle, tout entière bornée à l'horizon du pays et de la vie présente, tout entière composée d'impressions, de passions et de jouissances. Au-dessus de ce débordement dominaient deux ou trois dogmes austères, comme l'immortalité de l'âme, l'éternité des peines et des récompenses, dogmes restés invinciblement attachés aux entrailles de la conscience humaine, mais voilés bien souvent par les sophismes des philosophes et le flot des passions. Avec cette religion toute pétrie de luxure et de sensualisme, l'art dut rechercher la perfection de la forme, l'harmonie des lignes et l'éclat des couleurs; il dut se terminer tout entier à la satisfaction des yeux, à l'enivrement des sens. Pour lui, la chair n'avait point péché, et par conséquent n'avait besoin ni de rédemption ni de pénitence; son beau idéal, c'était le beau sensible et sensuel, c'était le corps humain dans la perfection de ses formes, dans la plénitude de sa vie matérielle, dans toute la fleur de sa dangereuse beauté.

Oui cet art se comprend, se saisit, s'embrasse; il flatte les yeux, caresse les sens, et répond merveilleusement à tous les instincts de la triple concupiscence qui fait le fond de notre nature. Ce caractère de l'art païen est compris de tous. Un des esprits les moins accessibles au mysticisme religieux dit à ce sujet : « C'est là tout le secret de la différence qui existe entre l'art ancien et l'art moderne : le premier, supérieur par la forme; le second, par le sentiment ; l'un doué d'un corps; l'autre d'une âme (1).

Voilà donc le premier caractère de l'art païen. Il est sensible et sensuel, tout humain, tout orgueilleux de ses formes, tout fier de sa beauté; ne faisant rien pressentir au-delà, rien entrevoir, rien espérer; créé tout entier pour le plaisir des yeux comme le paganisme pour le plaisir des sens. Tel n'est pas l'art chrétien : fils d'une religion qui est vérité, lumière et amour, formule d'un dogme divin, clairement défini et librement accepté ; inspiré par une foi qui a sa racine dans le monde des invisibles et sa fleur dans le ciel, nourri d'espérances immortelles qui ne regardent le monde que comme un voile qui leur cache la face de Dieu, et la vie comme le prélude de l'éternité; l'art chrétien ne met pas sa perfection dans le fini des lignes et dans la richesse des formes, mais dans *l'intensité de l'expression;* il ne se termine pas aux sens, mais à l'âme; au moyen des choses visibles, il exprime, il enseigne, il chante les choses invisibles; pour lui, la perfection plastique n'est pas la fin, elle est le moyen; il s'en sert avec tant d'indépendance, et l'on pourrait dire d'ab-

---

(1) THIERS. *De la propriété*, etc.

négation (car chaque vertu chrétienne a sa formule dans l'art chrétien), que, là où il peut toucher l'âme sans déployer toutes les amorces de cette perfection, il la dédaigne, et il concentre tout son génie à faire pressentir, entrevoir, espérer, aimer les choses invisibles. De façon qu'on pourrait lui appliquer la définition que saint Paul donne de la foi : *Sperandarum substantia rerum argumentum non apparentium* (1). Aussi, quelle profondeur on découvre dans les œuvres de cet art inspiré ; comme les sublimes clartés qui illuminent le monde des esprits rayonnent à travers le tissu matériel de ses compositions, et les colorent d'un jour surnaturel ! Donnez-moi la plus belle statue du ciseau grec : je regarde, j'étudie et j'admire. Donnez-moi la plus simple madone d'un pieux tailleur d'images : je crois, je m'agenouille et je prie.

Voilà ce qui explique pourquoi et comment l'art païen n'a pas de symbolisme ; et c'est encore là un de ses caractères. Il dit tout ce qu'il veut dire ; il exprime tout ce qu'il sent ; il annonce tout ce qu'il croit. On ne découvre en lui aucun de ces symboles qui sont la langue mystérieuse et sacrée de la foi, de l'espérance et de l'amour ; rien en lui ne répond au désir intérieur de l'âme, désir si impérieux et si doux, à cette aspiration d'un cœur plus vaste que la matière et plus durable que le temps. Tout ce qui aime se sert du symbole comme d'une langue

---

(1) *Hebr.* xi-1.

délicate et mystérieuse où les profanes ne peuvent rien entendre ; comme d'un truchement sacré entre deux cœurs qui se correspondent à travers le temps et l'espace, entre deux existences séparées qui aspirent l'une vers l'autre. Telle est l'origine du symbolisme. Or, l'art païen ne connaît pas le premier mot de cette langue des cœurs et des esprits. En lui tout est dit, tout est clair pour tous, tout est froid ; rien pour l'âme, rien pour le cœur ; tout pour les sens : c'est un art qui ne pense et ne croit pas, qui n'espère et n'aime pas. L'art chrétien, au contraire, possède un symbolisme vaste et profond. Chez lui, la matière est une langue plastique qui contient des idées sous l'écorce des lignes, des couleurs et des formes : chez lui, tout se spiritualise, tout se surnaturalise sous le souffle de l'esprit qui appelle en haut toutes les puissances de l'âme. Plus l'art chrétien approche de sa perfection, plus son symbolisme est large et profond ; plus il réalise ce rôle de médiateur plastique entre le monde des visibles et le monde des invisibles, qui est dans sa destination primitive.

Au moyen-âge, et surtout au XIIIe siècle, première floraison de cet art dans toute sa beauté juvénile et dans tout son parfum de piété, le symbolisme coule à flots dans toutes les œuvres d'art. Guillaume Durand, évêque de Mende, a réuni dans son *Rational des divins offices* toutes les intentions mystiques et liturgiques du symbolisme ; et l'on est vraiment étonné en lisant ce pieux et savant traité de l'abondance et de la grâce, de la profondeur et de la poésie de ce symbolisme. Dans la cathédrale gothique, où se résument l'art et la foi, le culte et la liturgie, il n'est rien qui ne porte avec soi son application spirituelle, sa signification symbolique. Des cryptes profondes aux flèches sublimes, des dalles historiées aux faîtages découpés; tout a sa voix, son enseignement, son symbole; tout a sa direction vers Dieu, son épanouissement vers le ciel. La cathédrale est double, pour ainsi dire, et telle que l'homme, corps et âme, esprit et matière: elle vit et palpite, chante et murmure, soupire et prie; à travers les ombres de ses arceaux et la lumière de ses verrières, à travers le chant de ses cloches et le retentissement de ses mélodies, on entend la voix de Dieu, on entrevoit l'aube de l'éternité.

Aussi, en prenant l'architecture comme le résumé de l'art, on remarque facilement que le temple païen est aveugle du côté du ciel, et ne reçoit le jour, à proprement parler, que du côté de la terre; dans cette architecture, ce n'est pas le jour, la baie, ce qu'il y a de plus aérien et de moins matériel qui forme le caractère et distingue les ordres; c'est la colonne, appui massif, qui repose à terre et qui porte avec grâce, mais sans élan, toute la charpente architecturale. Dans l'architecture gothique, au contraire, qui est bien la forme la plus pure de l'art chrétien, tous les jours sont ouverts du côté du ciel, aussi haut que montent les voûtes et que peuvent les porter les bras gigantesques des arcs-boutants, afin de recevoir du ciel la lumière la plus pure. Ce n'est plus l'appui, la colonne, qui caractérise cette architecture, ce caractère est trop grossier pour elle; c'est le jour, le vide, ce qu'il y a de plus immatériel, comme un symbole de son incessante tendance à se dégager de la matière pour s'élever à l'esprit. Dans le temple païen, les formes sont *horizontales* et rasent le sol; l'art grec n'ose perdre la terre de vue, il ne s'en éloigne pas, et le ciel ne lui dit rien. Dans la cathédrale gothique, au contraire, toutes les formes sont *verticales* et montent sans cesse par une aspiration continue. L'art chrétien pose à peine le pied sur la terre, et nous semble sans cesse prendre son essor vers le ciel; il paraît matière, mais il est esprit, et il peut dire comme l'ange Raphaël : « Je paraissais vivre de votre vie, mais je me nourris d'une nourriture invisible que les hommes ne peuvent voir (1). » Et il semble nous inviter sans cesse avec les mille voix de son symbolisme pieux et mystique, en nous exhortant à le suivre. *Tempus est ut revertar ad eum qui me misit.*

« Il semble, dit à ce sujet M. de Montalembert dans son introduction à *l'Histoire de sainte Élisabeth*, introduction qui demeure comme la plus magnifique exposition du moyen-âge; il semble que cet

---

(1) Tob. xii-19.

immense mouvement des âmes, que représentent saint Dominique, saint François et saint Louis, ne pouvait avoir d'autre expression que ces gigantesques cathédrales, qui paraissent vouloir porter jusqu'au ciel, au sommet de leurs tours et de leurs flèches, l'hommage universel de l'amour et de la foi victorieuse. Les vastes basiliques des siècles précédents leur paraissent trop nues, trop lourdes, trop vides, pour les nouvelles émotions de leur piété, pour l'élan rajeuni de leur foi. Il faut à cette vive flamme de la foi le moyen de se transformer en pierre et de se léguer ainsi à la postérité. Il faut aux pontifes et aux architectes quelque combinaison nouvelle qui se prête et s'adapte à toutes les nouvelles richesses de l'esprit catholique : ils la trouvent en suivant ces colonnes qui s'élèvent, vis-à-vis l'une de l'autre, dans la basilique chrétienne, comme des prières qui, en se rencontrant devant Dieu, s'inclinent et s'embrassent comme des sœurs : dans cet embrassement, ils trouvent l'ogive. Par son apparition, qui ne devient un fait général qu'au xiiie siècle, tout est modifié, non pas dans le sens intime et mystérieux des édifices religieux, mais dans leur forme extérieure. Au lieu de s'étendre sur la terre comme de vastes toits destinés à abriter les fidèles, il faut que tout jaillisse et s'élance vers le Très-Haut. La ligne horizontale disparaît peu à peu, tout domine l'idée de l'élévation, la tendance au ciel (1). »

(1) *Histoire de sainte Élisabeth*, etc. Introduction, p. 93-94.

Il semble matière, avons-nous dit de l'art chrétien; et il est esprit; il tend sans cesse à soumettre, à vaincre, à amoindrir la matière; il imite, il exprime, il renouvelle sous toutes ses formes le combat chrétien de l'esprit contre la chair, de la pénitence et de la mortification contre la nature corrompue et sa triple concupiscence. Tout à l'heure, nous reviendrons à cette idée pour la développer et la mettre en contraste avec l'idée de la renaissance; mais on ne peut la passer sous silence lorsqu'il s'agit de mettre en parallèle l'art chrétien avec l'art païen. Dans celui-ci, point de lutte, point d'effort; la matière domine l'esprit, et l'on ne devine pas même qu'elle ait livré quelque combat pour asservir l'immortelle aspiration vers les choses d'en haut. Tandis que l'art chrétien spiritualise la matière, l'art païen matérialise l'esprit.

Un autre caractère qui distingue l'art chrétien de l'art païen, c'est la différence et la variété des types. S'il est vrai que le corps est la forme de l'âme, et, selon la doctrine catholique, le temple même de Dieu; quelle majesté, quelle beauté divine doivent reluire à travers les voiles de ce sanctuaire! Aussi la sainteté est-elle le plus haut point de perfection morale et physique auquel puisse parvenir la créature humaine; il est vrai que dans l'échelle de la sainteté la distance est infinie et se perd à des hauteurs incommensurables, jusque dans le sein de la perfection divine. Quelle variété, quelle beauté de types pour l'artiste chrétien qui sait monter cette échelle de vertus, de la vallée des larmes au séjour de la lumière et de l'amour ! La pratique des vertus chrétiennes laisse une empreinte ineffaçable sur le corps et le visage humain; et il ne se peut rien de plus expressif et de plus profond, de plus sublime et de plus beau, que le visage humain, marqué du signe de Dieu, foyer où se concentrent tous les rayons de l'esprit, fleur où se concentrent tous les parfums du cœur. Quelle distance entre les types chrétiens et les types païens ! Quelles vertus exprimer en ceux-ci, quels sentiments, sinon naturels, faire reluire sur ce visage, beau peut-être d'une beauté de lignes et de couleurs, mais insignifiant d'expression ou repoussant de luxure? L'imagination se refuse à rapprocher en ce point deux arts si différents. — Dans l'échelle de l'enthousiasme et de l'expression, comparez Sapho, la muse lesbienne, l'amante échevelée de Phaon, à sainte Thérèse, l'extatique chrétienne, la chaste amante de la croix. L'une est peut-être l'expression la plus classique de l'enthousiasme païen; l'autre la forme la plus suave de l'ascétisme monastique. Quel profanateur osera jamais exprimer avec les mêmes traits, rendre avec la même expression la beauté de ces deux femmes? Qui donc ne préférera mille fois la beauté mystique de l'ange du Carmel à la beauté sensuelle de la muse de Lebos? Pardon pour ces comparaisons : nous ressemblerions nous-mêmes à ces profanateurs que nous maudissons, si nous insistions davantage. Ce n'est pas là un parallèle. — *Absit*. — En opposant la chair à l'esprit, les ténèbres à la lumière, le démon à l'ange, nous voulons confondre le démon, les ténèbres et la chair, pour faire régner l'esprit, la lumière et l'ange dans l'art chrétien régénéré. Même ici, dans cette délicatesse du sens chrétien, que nous craindrions de blesser par des comparaisons irrévérentieuses, voyons l'immense supériorité de l'art chrétien sur l'art païen, supériorité telle, que les comparaisons qu'on emploie pour la mesurer semblent des outrages à la pureté de cet art inspiré.

Un homme qui a compris, malgré ses extravagances d'imagination, certains aspects du moyen-âge, et qui sait les exprimer malgré ses extravagances de style, a très bien remarqué cette influence de l'esprit sur l'art chrétien. « L'esprit est l'ouvrier de sa demeure. Voyez comme il travaille la figure humaine dans laquelle il est enfermé, comme il imprime la physionomie, comme il en forme et déforme les traits; il creuse l'œil de méditation, d'expérience et de douleurs, il laboure le front de rides et de pensées; les os mêmes, la puissante charpente du corps, il la plie et la courbe au mouvement de la vie intérieure. De même, il fut l'artisan de son enveloppe de pierre, il la façonna à son usage, il la marqua au-dehors, au-dedans, de la diversité de ses pensées; il y dit son histoire, il prit bien garde que rien n'y manquât de la longue vie qu'il avait vécu, il y grava tous ses souvenirs, toutes ses espérances, tous ses regrets, tous ses amours. Il y mit sur cette froide pierre son rêve, sa pensée intime. Dès qu'une fois il eut échappé des catacombes, de la crypte mystérieuse où le monde païen l'avait tenu, il la lança au ciel, cette crypte; d'autant plus profondément elle descendit, d'autant plus haut elle monta; la flèche flamboyante échappa comme le profond soupir d'une poitrine oppressée depuis mille ans. Et si puissante était la respiration, si fortement battait ce cœur du genre humain, qu'il fit jour de toute part dans son enveloppe; elle éclata d'amour pour recevoir le regard de Dieu (1). »

Cette spiritualisation de la matière, l'art chrétien l'exerça dans toutes ses expressions, dans toutes ses formes et dans des contrées où il rencontra les souvenirs les plus persistants et les plus riches de l'art païen. Pendant que dans l'Europe septentrionale il se servait de l'architecture, de la poésie des lignes, des dimensions et des nombres, pour porter au ciel l'hommage de ses prières; pendant que l'architecture gothique étalait ses merveilleuses cathédrales, en Italie, il inspirait la peinture et se servait de la poésie du dessin, de la perspective et des couleurs, pour exprimer ses sentiments de foi et de piété. De Cimabué au Pérugin, du XIIIe au XVe siècle, l'Italie a vu de nombreux artistes chrétiens peupler ses cloîtres

---

(1) MICHELET. *Hist. de France*, livre IV, ch. IX.

et ses sanctuaires de fresques et de madones inspirées. Privée de cette architecture mystique, qui faisait la gloire de la France, de l'Allemagne et de l'Angleterre, et qui d'ailleurs n'aurait pu jamais prendre racine sur les débris antiques d'un sol chargé de poussière païenne, en face de ces ruines de monuments romains, qui sont une part de l'héritage des siècles et une preuve subsistante de la victoire du Christ, la poésie de l'art chrétien se réfugia tout entière sous le pinceau des vieux maîtres Italiens. On la vit fleurir dans la première école florentine, fondée par Cimabué; dans l'école mystique, fondée par le Béato; dans l'école ombrienne, fondée par le Pérugin; dans l'école bolonaise, illustrée par Francia; dans l'école vénitienne, inspirée par les frères Bellini. L'art chrétien était alors si puissant, qu'il inspirait les œuvres les plus suaves du pinceau mystique au sein de cette Italie qui a gardé, si profondes pourtant, l'empreinte et l'influence de l'art païen.

Nous rencontrons jusque dans les formes les plus impalpables, et pour ainsi dire les plus immatérielles de la pensée, l'inspiration de l'art chrétien. Ce n'est pas seulement l'architecture qu'il éleva dans les airs aussi ardente que l'élan de ses espérances et les soupirs de son amour, l'architecture qu'il évida, découpa, pour la pénétrer de jour et de mystère, pour en faire un tabernacle transparent où reposât *l'amour prêtre et victime* (1), sur son autel ruisselant d'or et de lumière. Ce n'est pas seulement la sculpture où il dérobe les formes qui effaroucheraient sa pudeur, les voilant sous les plis de larges vêtements, et où il ne laisse épanouir que la tête comme un pur miroir où Dieu refléchit son ineffable beauté. Ce n'est pas seulement la peinture où il s'attache à concentrer dans l'expression ce qu'il y a de plus mystique et de plus idéal, sacrifiant naïvement à cette préoccupation spiritualiste la perfection du dessin, la correction des lignes, la réalité des détails, « imperfections qui tiennent moins à l'impuissance de l'exécution dans l'artiste qu'à son indifférence pour tout ce qui était étranger au but transcendental qui occupait sa pieuse imagination (2). » Ailleurs encore, et dans d'autres formes, l'art travailla la matière et la purifia. La langue ecclésiastique, et surtout la langue poétique que parla le pieux moyen-âge, participa largement à ce travail intérieur de l'esprit. Aujourd'hui, il paraît moins étrange et moins paradoxal qu'il y a un quart de siècle, de dire que la langue du moyen-âge fut une langue chrétienne, comme les autres formes de sa pensée.

Grâce aux travaux et à la persévérance de certains hommes dont le sens chrétien est plus fort que

---

(1) *Hymn. Dom. in albis.*
(2) Rio. *De la poésie chrét.*, ch. VI.

tous les préjugés classiques, cette vérité, qui semble tout au plus nouvelle maintenant, sera bientôt banale comme l'excellence et la supériorité de l'art du moyen-âge, comme art chrétien, sur l'art classique d'Athènes et de Rome. Cette langue, formée par l'esprit chrétien, est claire, simple, logique, peu ou point transpositive, toute pénétrée de lumière quand elle enseigne, de poésie quand elle chante, de piété quand elle prie. Elle n'est plus savante et aristocratique, déroulant avec majesté la pompe de ses périodes comme les plis orgueilleux de la toge romaine, étalant l'harmonie savante de ses mètres variés : elle est simple, populaire, accessible à tous. Moins embarrassée de mots, plus abondante d'idées, sa prose est didactique, ferme et vigoureuse avec les docteurs scolastiques, élevée, onctueuse et profonde avec les docteurs mystiques ; sa poésie est incomparable de douceur et de sublimité, d'harmonie et de piété dans les grands poètes et dans la liturgie. Saint Bonaventure et Adam de Saint-Victor, les offices liturgiques composés au moyen-âge, et surtout les offices franciscains du XIIIe et du XIVe siècle, nous montrent la poésie dans sa forme la plus simple et dans son expression la plus élevée. Au lieu des mètres compliqués et de l'harmonie savante de Virgile et d'Horace, c'est un vers syllabique et rimé sans travail et sans prétention, mais sublime d'idée, ineffable de sentiment ; c'est une poésie faite avec de la lumière prise à tous ses degrés d'éclat (1) et trempée dans les larmes de la componction et de l'amour.

A ce sujet, un pieux et savant évêque dit avec un sens profond de l'art chrétien : « Cette liturgie, dédaignée par une littérature superficielle, a découvert les ravissantes harmonies qui existent entre le monde de la nature et le monde de la grâce; elle a saisi le rapport des phénomènes du monde physique avec les grands événements de l'ordre surnaturel. OEuvre des six jours de la création, lumière des cieux, sombres ténèbres, elle tient dans sa main le nœud qui rattache toutes ces choses aux grands objets de la religion. Nous parlons souvent d'harmonies, de symbolisme, de poésie; mais connaissons-nous un tableau où toutes ces choses soient réunies comme elles le sont dans l'hymne ambroisienne des laudes du dimanche : *Æterne rerum conditor?* Sainte Eglise romaine, que vous connaissez bien l'homme, votre enfant, sa nature, ses besoins, la manière d'aller à son esprit et à son cœur en passant par son imagination et ses sens ! Vous êtes véritablement mère, vous qui êtes si empressée de satisfaire les nobles instincts de notre nature ! Vous aviez tout embelli aux yeux des fidèles; par vous, le monde entier avait changé de face; tout ici-bas nous parlait de Dieu, et le chrétien ne voyait plus ce lieu d'exil qu'à travers le prisme

(1) DIDRON. *Ann. arch.*, tome XIII, page 7.

enchanteur de la foi! Hélas! comme depuis, la vie a été désenchantée! de quelles ressources précieuses la religion a été privée! comme tout s'est assombri, desséché, et quelles mains sont venues flétrir ces fleurs que vous faisiez naître jusque sur le rocher le plus désert et le plus aride (1)! »

Mais qu'avons-nous fait de l'art païen? Il se dérobe ici au-dessous de toute comparaison : il n'eut ni cette puissance, ni cette fécondité, ni cette variété, ni cette profondeur de l'art chrétien. Son impure mythologie avait encombré le monde de dieux et le cœur humain de passions; Dieu est venu, qui a chassé les esprits impurs, assaini le monde, débarrassé, agrandi le cœur humain, illuminé, fécondé l'intelligence, vivifié et renouvelé toutes les puissances de l'homme. De là est né l'art chrétien. C'est surtout au moyen-âge, surtout au XIIIe siècle, qu'il atteignit toute sa perfection. A nulle autre époque, on ne remarque une telle puissance dans la foi, une telle élévation dans la pensée, une telle grâce dans la forme, une telle poésie dans le sentiment. Sans doute, les siècles antérieurs avaient vu de grandes âmes et de belles œuvres; l'art chrétien ne naquit pas avec l'aurore du premier jour de ce siècle, et déjà depuis long-temps s'amassaient dans les âmes et dans la société chrétienne ces trésors de génie et

---

(1) Instr. past. et mand. de Mgr Pallu du Parc, évêque de Blois, pour le rétab. de la liturg. romaine. (Note de la nouvelle édition.)

de piété qui devaient faire explosion autour d'Innocent III et de Saint-Louis; mais il ne fut donné qu'à ce siècle de contempler la merveilleuse floraison de l'art chrétien dans la sainteté. « La nature humaine parfaite de vertus devient fleur (1). » Cette fleur de perfection, tout épanouie au moyen-âge, n'a jamais fleuri dans l'art païen. Son parfum lui manquait encore plus que son éclat. On peut bien admirer en lui les formes et les couleurs; mais respirer la suavité des parfums, jamais. Le christianisme seul pouvait donner à l'art cet élément mystique.

Mais d'où venait dans l'art chrétien cette puissance et cette pureté? C'est que nos pères du moyen-âge avaient une grande foi et une grande piété. Voilà ce qui donne à leurs œuvres d'art cette élévation de pensée, cette grâce de formes, cette profondeur d'expression. Pour eux, tout aboutit à un centre, foyer de lumière et d'amour, Dieu. Ils peuvent bien se tromper, s'égarer, s'emporter, mais ils reviennent toujours là : Abailard va mourir dans la pénitence auprès de Pierre-le-Vénérable, abbé de Cluny; Héloïse écrit au saint abbé en l'appelant son père et en se recommandant à ses prières. En raison de ce fonds abondant de vertus chrétiennes, quelles formes délicieuses les artistes savent donner à leur pensée, qu'ils bâtissent, qu'ils sculptent, qu'ils peignent, qu'ils chantent ou qu'ils écrivent! C'est une forme

(1) S. Grég. Nys. *In cant. cant. hom.* iv.

pure et mystique, gracieuse et profonde, enfantine quelquefois, puérile même : ils font sourire; mais leur naïveté, toute naturelle et spontanée, est un des charmes les plus puissants qui nous attachent et nous ravissent. On peut appliquer à ce siècle la parole de l'Esprit-Saint : *Super ipsum efflorebit sanctificatio mea.* Cette fleur de sainteté, on la sent, on la voit, on l'admire, on la respire dans leurs moindres pensées et dans leurs plus petites œuvres. Et l'on doit remarquer que dans tous ces développements pleins de grâce, pas un mot qui offense l'oreille la plus chaste, pas un regard qui effarouche la pudeur la plus craintive, pas une nudité qui fasse baisser l'œil le plus timide. Mais, avouons-le, il faut, pour comprendre cet ordre de beautés chrétiennes, il faut avoir le sens de la foi et le goût de la piété; sans cela, on passe à côté, sans voir et sans comprendre, comme on passerait, sans y regarder, à côté d'un de ces beaux manuscrits à miniature suaves et éclatantes, si, clos par son fermoir de cuivre, on ne savait pas qu'il renferme des miracles de calligraphie et de célestes enluminures.

Pour nous, chrétiens, fils dégénérés de ces temps héroïques, ce siècle est notre siècle classique ; cette forte et pieuse époque, c'est notre *alma parens*, féconde en hommes et en monuments, en saints et en chefs-d'œuvre. Ce n'est plus la langue latine du siècle d'Auguste que parlent ces hommes si grands et si simples, si mortifiés et si aimables, c'est une langue plus belle, plus onctueuse, plus abondante, plus riche, plus déliée et plus vigoureuse : la langue ecclésiastique. Ce n'est plus l'art grec ou romain qu'ils pratiquent, c'est un art purifié, éthéré pour ainsi dire, qui n'agite pas les sens, qui n'excite pas même l'admiration, mais qui fait croire et prier : l'art gothique. Ce n'est plus le monde d'ici-bas qu'ils habitent, ce n'est pas cette nature humaine qu'ils flattent et qu'ils séduisent, c'est un monde supérieur, un nouveau ciel et une nouvelle terre, où les anges conversent familièrement avec eux, où Dieu se révèle dans la multitude de ses grâces et de ses douceurs ; c'est la nature humaine d'avant la chute, ou mieux, c'est la nature humaine sanctifiée par la pénitence et transfigurée par l'amour.

Arrêtons-nous, aussi bien l'enthousiasme a ses bornes et l'admiration ses limites, et il nous sera facile de mieux faire ressortir le caractère du moyenâge, en l'opposant à la renaissance. Disons en terminant que, pour nous, chrétiens, fils de nos pères et héritiers de leurs promesses, l'art païen ne peut avoir ni cet intérêt, ni ce charme, ni cette puissance ; faux et incomplet pour nous, chair et matière, inerte et aveugle, il peut être un objet de curiosité, un sujet d'étude, un terme de comparaison ; il ne peut être l'expression de notre foi, la formule de nos prières, pas plus que ses restes ne sauraient être des reliques vénérées.

CHAPITRE III.

Du moyen-âge et de la renaissance (1).

> *Ipsis corporalibus formis quibus detinemur, nitendum est ad eas cognoscendas quas caro non nuntiat.*
> *Sed multis finis est humana delectatio, nec volunt tendere ad superiora, ut judicent cur ista visibilia placeant.*
> (S. AUGUST. *De vera religione* cap. XXIV-XXXII)

Pour mieux saisir et mieux comprendre la différence qui caractérise l'art chrétien et l'art païen, il faut les voir à l'œuvre l'un et l'autre dans le siècle qui leur fut le plus favorable ; il faut les étudier dans les œuvres qu'ils ont inspirées, dans les artistes qui ont fait leur gloire, l'art chrétien dans le moyen-âge, et surtout au XIIIe siècle, qui fut sa complète floraison ; l'art païen dans la renaissance, surtout au XVIe

---

(1) Ce chapitre parut en 1847, au tome VII des *Annales Archéologiques*. Ce qui n'était alors qu'un simple parallèle entre deux formes différentes de deux arts opposés, est devenue une étude plus vaste sur l'ensemble de l'art chrétien. Mais si la pensée s'est développée, elle ne s'est point modifiée ; et ce qui, dans l'article des *Annales Archéologiques*, était plutôt instinct que science, enthousiasme que réflexion, est devenu, par l'étude et la méditation, conviction ferme et consolante à la fois, que confirme à chaque pas la pratique familière du moyen-âge.

siècle, qui a été son apogée d'enthousiasme classique. Il serait peut-être plus juste de mettre en regard du moyen-âge l'antiquité grecque et le siècle de Périclès, siècle classique des savants et des lettrés; mais l'antiquité grecque n'est plus pour nous qu'une étude scientifique, le siècle de Périclès qu'une curiosité archéologique, tandis que la renaissance vit encore parmi nous, du moins on le dit; et, pour nous, il est plus intéressant d'étudier l'art renaissant des païens du XVIe siècle que l'art mort et embaumé des Grecs et des Romains d'autrefois. D'ailleurs, nous comparerons moins les œuvres que les idées, moins les hommes que les inspirations; ce sera le moyen de nous dispenser de science, de citations et de nomenclatures.

Remontons à la source éternelle de la vie et de la vérité : Dieu a restauré toutes choses par son Christ dans les cieux et sur la terre (1). L'art n'a point échappé à cette restauration spirituelle des choses créées. Disons-le, plus que toute autre expression du génie humain, il avait besoin de se régénérer et de se purifier par le baptême de sang du divin restaurateur, car, plus que toute autre forme de la pensée, l'art, avant le Christ, avait été un auxiliaire puissant d'erreurs et de corruption; le paganisme en avait usé et abusé sous toutes les formes et de toutes les manières. Reste donc bien entendu

---

(1) *Epist. ad Eph.*, I, 10.

que, pour nous, il n'y a pas d'autre art convenable que cet art restauré, purifié, baptisé, que nous appelons « l'art chrétien », et qui tend directement à glorifier Dieu et à sanctifier l'homme par l'expression visible de la prière. Ainsi, tout art qui ne répondrait pas à ce but dévierait du grand principe de la croix sur lequel est assis le monde moderne; il reviendrait au paganisme par ses inspirations et ses tendances. Ce dualisme, ou plutôt cet antagonisme entre l'idée chrétienne et l'idée païenne dans l'art, explique peut-être assez bien le moyen-âge et la renaissance, ces deux époques souveraines dans l'histoire de l'esprit humain.

L'art chrétien, comme nous l'avons indiqué, n'est-ce pas la glorification de Dieu par l'expression plastique, matérielle et visible d'une idée quelconque prise dans le domaine de la nature, de l'imagination ou de la foi, trois grandes sources de poésie qui doivent refluer vers Dieu? Dès l'abord de cette définition, qu'il est loisible à chacun de formuler en d'autres termes, on comprend combien le christianisme a élargi le domaine de l'art; quels horizons immenses il a ouverts devant lui, en abaissant les cieux sur la terre; quelle puissance et quelle pureté d'expression il a dû lui donner, en purifiant et régénérant les facultés de l'âme humaine. En quelques mots, nous allons dire comment, dès les premiers jours, l'art chrétien comprit cette mission sublime, qui est l'auxiliaire de la foi, ainsi que le disait et le pratiquait admirablement l'abbé Suger, un grand artiste en même temps qu'un grand politique, pour arriver à sa plus magnifique expression, au xiii⁰ siècle, notre siècle de ferveur et de poésie.

Dans l'art comme dans toute chose créée, il y a deux éléments : le matériel et le physique, la forme et l'idée. Pour l'art chrétien, dont le but unique était de glorifier Dieu, il fallait soumettre la forme à l'idée et faire monter l'idée à Dieu. Or, voilà ce qu'il sut merveilleusement exécuter. Pour nous, chrétiens, la forme, la matière, la chair, sont peu de chose, en vérité, depuis que le péché en a fait un agent de corruption, et jusqu'à ce que la résurrection glorieuse la transfigure; l'idée, l'esprit, l'âme, sont donc tout ou presque tout. Mais, comme il s'agit de traduire aux sens cet *invisible*, afin que par les *visibles* les *invisibles* de Dieu soient comprises, ainsi que dit saint Paul (1), il faut nécessairement unir à l'élément invisible, assez de l'élément visible pour arriver à l'expression nécessaire.

Ainsi donc, l'union de l'esprit à la matière, de l'idée à la forme, du visible à l'invisible, voilà le grand problème esthétique, problème que notre art chrétien a résolu dans le sens le plus vrai et de la façon la plus énergique et la plus puissante. Mais, comme pour commencer son expiation et faire pénitence des excès de sensualisme où le culte païen

---

(1) *Ep. ad. Rom.* i, 20.

l'avait plongé, l'art, pour arriver à cette réhabilitation dont il avait besoin, assujettit la matière, la foula aux pieds, la mit comme hors la loi chrétienne. Ce ne fut peut-être pas impuissance, comme on l'a dit, mais système arrêté; ce ne fut pas un excès, mais une expiation. Aussi, dès les premiers siècles, il répugnait visiblement à l'associer à son culte de l'idée; encore si près du matérialisme païen, il dut autant que possible, pour aider le christianisme à retirer le monde enfoncé dans le bourbier des sens, négliger la matière, s'interdire toute expression trop matérielle. Aussi, nous rencontrons aux premiers siècles de l'Eglise beaucoup de « signes », mais peu, très peu de « figures ». Plus on monte vers le moyen-âge, plus la forme tend à prendre sa place naturelle autour de l'idée. Mais là encore on voit la répugnance de l'art à poser ses mains sur la matière; il craint de se souiller. Aussi, dans toutes les représentations sensibles, les formes sont grêles, allongées, le plus souvent bizarrement contrefaites. La matière, on le dirait, fait encore pénitence publique de ses excès païens; elle n'a pas encore reçu l'absolution chrétienne. Mais si le corps est ainsi déprimé, l'âme, au contraire, semble régner en souveraine. Cette infériorité si frappante de la forme est un sacrifice fait à l'idée qui domine; c'est ce qui explique parfaitement la prédilection des artistes chrétiens pour la partie la plus idéale du corps humain, la tête, empreinte jusqu'en ses œuvres informes d'un cachet de distinction et de beauté tout mystique. C'est qu'en effet la tête est le siége de l'âme; c'est là surtout que rayonne l'intelligence, que s'élabore la pensée.

Cette idée mystique, nos auteurs chrétiens l'ont empruntée aux pères de l'Eglise. A deux points de vue différents, deux grands docteurs de l'Occident et de l'Orient, saint Ambroise et saint Grégoire de Nysse, concentrent dans la tête du corps humain toute l'expression, toute la beauté et toute la vie. Saint Ambroise, expliquant l'œuvre des six jours, nous dit, à la création de l'homme : « Combien charmant et agréable est le haut de la tête, que de beauté dans la chevelure, qu'elle est respectable dans les vieillards, qu'elle est vénérable dans les prêtres, qu'elle est terrible dans les guerriers, qu'elle est belle dans la jeunesse, qu'elle est gracieuse dans les femmes, qu'elle est douce dans les enfants! Longue, elle ne convient pas à ce sexe; courte, elle ne convient pas à l'autre. On peut juger par les arbres quelle est la grâce de la tête humaine. Sur la tête de l'arbre sont tous les fruits et toute la beauté; sa chevelure, ou nous couvre de la pluie, ou nous défend du soleil. Enlevez à l'arbre sa chevelure, l'arbre tout entier perd sa beauté. Combien donc est plus grand l'ornement de la tête humaine qui couvre et défend notre cerveau, c'est-à-dire le siége et l'origine de nos sens? Là est la source de la vie. C'est pourquoi là où le mal serait plus nuisible, là surabonde la grâce et la beauté (1). » Saint Grégoire de Nysse, appliquant à la nature humaine réparée par le Christ et ornée par la grâce cette parole du cantique des cantiques : *Je suis le lis des champs,* nous développe d'admirables considérations mystiques : « Par la grâce et la vertu, s'augmente la beauté qui est en nous ; notre nature, élargie et amplifiée, produit une fleur odoriférante et pure. Et à cette fleur on donne le nom de lis, dans lequel la splendeur naturelle indique l'éclat de la pureté. La tige du lis sort et monte droit de sa racine comme le roseau ; il porte sa fleur au sommet, aussi éloigné que possible de la terre, afin, je pense, que sa beauté demeure en haut, pure et sans tache, sans être souillée par le contact et le mélange de la terre (2). » Et qu'on ne nous accuse pas de prendre la parole des pères dans un sens trop littéral et trop charnel. Chez eux, la lettre et l'esprit, l'intérieur et l'extérieur se pénètrent de la même lumière, et le monde des invisibles s'explique par le monde des visibles, tandis que celui-ci est illuminé par celui-là. Chez eux, il n'y a pas plus d'exclusion que dans la doctrine catholique ; le corps participe dans une juste mesure à la beauté de l'âme par la perfection et la vertu, comme il devra participer à sa récompense par la transfiguration de la gloire.

Le culte de l'immatériel et de l'idéal explique la

(1) *Hexaem*, lib. VI, cap. 19.
(2) *In cant. cant. homilia* IV.

prédilection de certains auteurs pour les mélodies sacrées des premiers siècles avant et après saint Grégoire. Le son étant ce qu'il y a de plus subtil et de plus pur dans le monde des sens, l'art dut porter toute son expansion vers cette expression moins grossière de foi, de prière et d'amour ; et encore doit-on remarquer que le plain-chant d'alors est bien moins chargé de notes que dans les siècles postérieurs, qui, en cela, seraient moins purs que les primitifs. C'est toujours pour la même raison, par cette répugnance instinctive de l'art chrétien à se jeter dans le monde des sens. Voilà pourquoi, outre sa convenance liturgique, le plain-chant grégorien, avec son rhythme vague, flottant et sans mesure arrêtée ; avec ses mélodies suaves, lentes et quelque peu monotones, répond merveilleusement au besoin rêveur et extatique de l'âme en prière. Le plain-chant est bien obligé de passer par les sens pour arriver à l'âme, mais il ne s'y arrête pas. Ses sons doux et onctueux coulent comme une *huile répandue* (1) ; ils pénètrent, sans éveiller les sens, jusqu'aux profondeurs de l'âme, la soulèvent comme une mer montante d'harmonie, pour la déposer fervente et recueillie aux pieds du trône de Dieu. Cet effet de calme et d'onction, la musique dite religieuse ne le produira jamais avec son tapage de sons habilement combinés, ses harmonies pénétrantes et trop

---

(1) *Cant.* I-2.

accusées, qui éveillent les sens de l'assoupissement chrétien (entendez recueillement) où doit les tenir la prière. C'est là, si nous ne nous trompons, la différence radicale (et on ne l'a pas assez remarqué) qui devra faire taire la musique dans nos églises, pour y laisser le plain-chant moduler en paix ses indéfinissables mélodies, qui seules peuvent être chantées et comprises par le peuple. Ne l'oublions pas, c'est là surtout le caractère de la liturgie catholique ; le peuple doit y répondre du cœur et des lèvres.

Mais ici nous ne parlons pas exclusivement du plain-chant, unique et faible ruisseau de cette large source de poésie qui coule au moyen-âge; nous parlons surtout de l'art bâti, peint, taillé, sculpté, écrit. Architecture, peinture, sculpture, poésie proprement dite, tout rentre dans cette magnifique synthèse du moyen-âge. Revenons donc au XIIIe siècle, l'apogée de l'art hiératique. A examiner une statue, un bas-relief, une peinture de cette époque souveraine, on remarque ceci : L'art est enfin parvenu à vaincre sa répugnance pour la matière, qu'il a franchement associée à sa pensée; mais, tout en faisant prédominer l'une sur l'autre, il est parvenu à résoudre ce grand problème, qui, nous ne craignons pas de le dire, renferme tout le passé et tout l'avenir de l'art chrétien : *exprimer les plus hautes idées avec le moins de matière possible*. L'idée est rendue, complètement rendue, mais d'une manière un peu mystique : la tête rayonne de lumière et de beauté, le reste du corps nage dans une demi-teinte; la vie, l'expression, sont concentrées en haut; en bas, plus on approche de la terre, plus la forme s'amoindrit et, pour ainsi dire, s'efface. Toutefois, qu'on y prenne garde, ce ne sont plus les formes bizarres et décharnées des siècles précédents; mais ce n'est pas non plus la plénitude de vie de la renaissance, le luxe de chair et de carnation des successeurs de Raphaël, c'est un milieu entre l'affectation de l'époque romane et le sensualisme de la renaissance; une chair un peu amaigrie et châtiée, une chair *chrétienne* (le mot est facile à comprendre) qui se voile modestement sous des draperies longues, mais pas trop recherchées.

Nous l'avons dit, tout l'effet est sacrifié pour la tête, où l'âme siége, où l'idée fleurit dans toute sa beauté; aussi ces représentations, ces images, si sobres de matière, font-elles peu d'effet et frappent peu les sens. Il faut avoir dans l'âme une prédisposition au recueillement pour comprendre la portée de ces œuvres d'art, qui, à la première vue, paraissent si étranges, que des esprits inattentifs pourraient les prendre pour les produits d'un art encore dans l'enfance. Mais ce qui paraît imperfection dans la forme, est culte de l'idée; ce qui paraît impuissance dans l'expression, est intention profonde dans un art qui cherche à faire prédominer exclusivement l'idée sur la forme. Aussi, cette simple donnée reçue, on pénètre immédiatement dans l'intelligence de cette beauté tout idéale, et des horizons inconnus s'ouvrent dans les profondeurs de la pensée, soulevée et attirée en haut.

Ce que nous disons ici, et ce qui paraît plus sensible pour les images peintes et sculptées, on peut le dire pour les images bâties et écrites, pour l'architecture et la poésie. Ainsi, l'architecture ogivale affecte de monter en haut. Dédaignant la terre, elle aspire au ciel comme l'âme chrétienne ; elle affectionne les jours et les vides, ce qui lui donne un aspect aérien, et multiplie indéfiniment ses proportions. C'est l'inverse pour l'architecture païenne, qui, comme on l'a fait remarquer, a toujours des proportions plus vastes qu'il ne paraît à l'œil, tant elle est encombrée de matière. Quant à la poésie, en prenant pour type la *divine comédie* de Dante, ne pourrait-on pas dire, sans qu'il y eut rien de puéril dans de pareils rapprochements, que les *tercets* de l'immortel Florentin reproduisent jusque dans leur facture, à l'imitation de l'ogive chrétienne, de l'arc en *tiers-point*, ce nombre ternaire, mystérieux et fécond, sur lequel s'appuient, pour ainsi dire, tout l'art et toute la liturgie du moyen-âge ? La phrase de Dante, concise et énergique, rêveuse et imagée, procède du même principe qui vivifie tout l'art chrétien : « exprimer les plus hautes idées en moins de matière possible. »

Eh bien ! avec ces éléments si simples, l'art hiératique du moyen-âge a produit des œuvres admirables, des œuvres que l'on commence aujourd'hui à nettoyer de la rouille des siècles, et qu'on est tout étonné de trouver belles, quoique si différentes des œuvres modernes qui attiraient exclusivement l'admiration. Avouons que nous nous sommes trompés depuis tantôt trois siècles que la renaissance païenne règne en souveraine dans les arts et dans les lettres; qu'il n'y a qu'une beauté incréée, qui est Dieu, et qu'une beauté créée, qui reluit dans toute créature où Dieu se reflète. Au xiiie siècle, c'était chose facile de conserver ces traditions de style dans l'art; l'art était dans l'Église; le prêtre et le moine, le clerc, possédaient presque exclusivement la science et la poésie, qu'ils mettaient en œuvres admirables. Frère Angélique de Fiésole, cette personnification si pure de l'art du moyen-âge, s'enferme et prie dans sa cellule. Après sa prière, illuminé peut-être par quelques visions d'anges, il prend son pinceau et trace le profil céleste d'une de ces madones que Raphaël aurait dû prendre pour modèle; une scène charmante d'imagination et de foi, comme l'Ange gardien, donnant le baiser de paix à son frère ressuscité, où la tête d'un Christ mourant, tête ineffable de douceur divine, de miséricorde, de pardon et d'amour. C'est ainsi que saint Thomas composa son admirable poème liturgique, qu'on appelle l'*Office du Saint-Sacrement*, dans sa cellule, aux pieds de son crucifix.

Voilà comment se pratiquait l'art au moyen-âge : on menait une vie sainte, et, avant de prendre le pinceau, la plume ou le ciseau, on priait, on *rêvait un peu à Dieu*, comme dit quelque part Mme de Sévigné; puis l'âme illuminée par la ferveur et l'amour divin, le corps mortifié par la pénitence, on composait des prières vivantes et imagées à l'usage de l'âme chrétienne, conviée, non à l'admiration humaine, mais à l'adoration divine. C'est ici encore une différence essentielle qui sépare l'art du moyen-âge de l'art moderne, l'art hiératique et sacerdotal de l'art laïque et sécularisé : celui-ci se fait admirer tandis que celui-là se fait oublier pour élever l'âme plus haut. L'un frappe les sens, les enivre et les dissipe; l'autre passe comme imperceptible par les sens, va prendre l'âme, la saisit, et la met à genoux. L'un s'arrête à l'homme, l'autre monte à Dieu. Voilà ce que nous avons gagné à la sécularisation de l'art par la renaissance païenne. Mais, tout à l'heure, nous allons comparer l'une et l'autre époque.

C'est ainsi que le moyen-âge comprenait la beauté dans l'art. Il se rencontra, au XVe siècle, un homme ardent et pieux qui recueillit, dans la cellule de frère Angélique, ses idées mystiques sur l'art, et qui usa sa belle vie à les faire prévaloir contre la renaissance païenne, où Laurent de Médicis embourbait Florence, cette Athènes de l'Italie. Fra Hiéronymo Savonarola, qui, sous sa robe blanche de dominicain, portait une âme tendre et énergique, une organisation rêveuse et passionnée, prêchait en chaire son esthétique chrétienne, comme il prêchait sa politique. Un jour, dans un de ses sermons, il disait à Florence attentive à ses pieds : « La beauté dans les choses composées résulte de la proportion entre les parties, de l'harmonie entre les couleurs. Mais dans ce qui est simple, la beauté, c'est la transfiguration, la lumière ; donc c'est par-delà les objets visibles qu'il faut chercher la beauté suprême dans son essence. Plus la créature participe et approche de la beauté de Dieu, plus elle est belle. C'est ainsi que la beauté du corps est en raison de la beauté de l'âme ; car si vous choisissiez dans cet auditoire deux femmes également belles de corps, ce serait la plus sainte qui exciterait parmi les spectateurs le plus d'admiration, et la palme ne manquerait pas de lui être décernée même par les hommes charnels (1). » Telle est la théorie de l'esthétique chrétienne. L'idée du moyen-âge sur la beauté plastique, c'est le rejaillissement de la beauté intérieure, de la sainteté de l'âme. Nos artistes, nous l'avons dit, faisaient converger la beauté vers la tête, qui est en effet comme la fleur dans cette plante intelligente qu'on appelle l'homme ; et le reste du corps, soumis, régularisé, mortifié pour procurer cette beauté ineffable qui participe de Dieu, gardait

(1) Fra Hiéronymo Savonarola. *Sermons, dans l'hist. de Savonarole*, par Carl.

toujours un rôle secondaire et modeste. En un mot, l'âme épurée dans une chair mortifiée, l'idée rayonnant sur la figure, le corps servant de tige à cette fleur mystique, la beauté surnaturelle et divine.

Cependant le moyen-âge n'est pas encore ainsi compris de tous, même de certaines intelligences supérieures. Des hommes de talent et de bonne foi n'ont pas craint de porter contre lui de graves accusations. Parmi ces hommes, deux des plus éminents, l'un, admirable poète, l'autre, remarquable biographe, M. de Lamartine et M. Audin, nous semblent résumer assez bien les opinions sérieuses plus ou moins hostiles à l'art chrétien. Par cela même qu'ils ont laissé échapper leurs accusations un peu à l'aventure, sans prétention de discussion ni de système, elles traduisent plus fidèlement leur pensée et méritent une plus sérieuse attention.

M. de Lamartine, un de nos plus grands poètes modernes, le plus grand peut-être pour la forme et l'harmonie, adorateur passionné de la beauté plastique, dit dans son *Voyage en Orient* : « Le gothique est beau, mais l'ordre et la lumière y manquent. » Qu'est-ce à dire, l'ordre et la lumière? Essayons de pénétrer la pensée du poète. L'ordre, dans une œuvre d'art, n'est-ce pas le concours des parties régularisées, ordonnées pour réaliser l'idéal; l'harmonie des proportions tendant à un tout complet? Or, il nous semble que, tout aussi bien que l'art grec ou romain, notre art a ses règles, ses proportions, son unité. Nos artistes, en ce sens, n'ont rien inventé; ils ont suivi pas à pas la tradition hiératique. Ne croyez pas que ces puissants génies, trop puissants pour n'avoir pas de règle, se soient livrés au caprice, à l'extravagance et à l'arbitraire. Toutefois, il faut l'avouer, l'ordre ne revêt pas ici ces apparences sèches et nues qui font de l'art païen quelque chose de très régulier, mais de très froid, que l'œil embrasse facilement, dont il jouit avec complaisance sans pénétrer plus avant; mais plutôt il cache cette monotonie, trop inhérente à la régularité, sous une savante combinaison de lignes, une attrayante variété de détails. L'ordre, ici, ne sert qu'à régulariser la vie, diriger l'essor de la prière et de la foi, non à l'étouffer et à l'enfermer dans une rigidité inflexible. L'ordre, l'unité, les proportions existent dans notre art; mais ils se cachent volontiers sous l'épanouissement de la vie, et se modifient suivant l'idée qu'ils traduisent aux yeux et à l'âme, tandis que, dans l'art païen, l'ordre, l'unité, les proportions constituent toute l'harmonie, toute la vie, toute l'expression. Voilà pourquoi il est si apparent, si extérieur; pourquoi il saute aux yeux, mais sans rien dire à l'âme.

Pour la lumière, il nous paraît que le poète confond ici en une expression, la lumière extérieure et sensible qui tombe du soleil, attiédit l'atmosphère, et dore les surfaces, avec la lumière invisible à l'œil du corps, qui jaillit d'une idée exprimée avec énergie et vérité, et rayonne aux yeux de l'âme. Le poète laisse échapper son exclamation anti-gothique en face du Parthénon, illuminé par un beau soleil couchant; il est tout près de la réitérer un autre jour, au soleil levant, sur les ruines de Balbek. Que nos vieux monuments, moussus et gris, ne possèdent pas ces teintes dorées, cette couche de splendide vieillesse qui est, comme dit le poète, de la lumière pétrifiée, notre art n'y peut rien, non plus que sur les matériaux du sol et sur la sérénité du ciel. Donnez-nous les beaux marbres d'Héliopolis et du Parthénon, ou le travertin du Colysée; étendez au-dessus, le ciel de l'Orient, de la Grèce ou de l'Italie; faites resplendir le soleil d'Athènes ou de Rome, l'atmosphère sereine et chaude de la Syrie ou de l'Attique, et, sans doute, les pierres de nos vieux monuments prendront cet éclat qui nous ravit. Mais ce n'est pas cela, sans doute, que veut dire M. de Lamartine; il sait trop que les teintes sombres et sévères de nos églises s'accordent bien avec notre ciel, et s'harmonisent, surtout, avec nos imaginations septentrionales. Serait-ce donc que l'art chrétien ne possède pas, au même degré que l'art païen, le rayonnement de la pensée à travers l'expression? Car c'est là, sans doute, cette lumière qui découvre à l'esprit les rapports mystiques, les harmonies spirituelles qui rattachent l'œuvre d'art au monde surnaturel. Mais quel est donc celui de ces deux arts qui, en principe, possède l'élément religieux et spirituel à un plus haut degré? Si l'art est l'expression du culte de la foi, il n'y a pas de comparaison à établir; et, si nous en venons à examiner les œuvres, quelle immense différence sépare ces deux expressions de deux pensées religieuses si différentes! L'art païen en est réduit à la glorification de la matière, à la déification des passions humaines; aussi n'a-t-il d'autre inspiration que la beauté toute sensuelle, adorée dans la Vénus de Praxitèle. La lumière mystique qu'il projette sur l'homme, sur son passé et son avenir, sur sa vie morale et ses rapports avec la divinité, est aussi incomplète, aussi fausse que le paganisme lui-même, dont cet art est l'expression. L'art chrétien, partant d'un principe tout opposé, doit arriver à d'autres conséquences. Ici la démonstration est superflue, car elle ressort des termes mêmes de la comparaison; mais, s'il en est besoin encore, les lignes qui suivent la mettront suffisamment en lumière.

M. Audin, exclusivement renfermé par la nature de ses travaux dans la renaissance, admirateur trop exclusif des hommes de cette époque, dit dans son *Histoire de Léon X*, chap. 1er : « Si l'art fut resté exclusivement chrétien, il n'aurait pas trouvé la forme, c'est-à-dire, qu'il eût été incomplet. » Ce n'est donc plus l'ordre et la lumière, c'est la forme et l'expression qui ont manqué à notre art chrétien. Voyons :

Qu'est-ce à dire, l'expression? L'expression parfaite, admirable, mais un peu trop *sensible* de Raphaël; l'expression énergique, vigoureuse, nue et musculaire de Michel-Ange, ou la carnation éclatante et soyeuse de Rubens, exubérante de vie et de plénitude du Dominiquin? Oui, l'art chrétien manque de toutes ces expressions; mais aussi il ne tombe pas dans le naturalisme, de là dans le sensualisme et la dégradation. Il ne fut pas un auxiliaire de la corruption et un foyer de tentations pour les sens. De l'adoration de Dieu, il ne tomba point dans l'adoration de l'homme, dans l'idolâtrie des sens. Oui, nous l'avouons sans peine, l'art du moyen-âge ne procéda pas ainsi. Il avait une expression à lui, originale, infiniment supérieure, au point de vue chrétien, le seul point de vue véritable, à l'expression païenne de l'art de la renaissance. Nous l'avons dit, l'art hiératique prend la chair telle que la lui ont faite le christianisme et la pénitence, la chair mortifiée et chaste du chrétien; il n'allait pas copier et recopier le Laocoon, la Vénus de Médicis, ou l'Apollon du Belvédère, ces *idoles*, comme les appelait très spirituellement Adrien d'Utrecht (Adrien VI), idoles au point de vue de la foi, et au point de vue de l'art chrétien; mais il prenait dans la solitude du cloître, ou dans l'habitude sociale de la vie chrétienne, des formes pures et modestes, une chair crucifiée au péché, purifiée par la pénitence et exhalant un parfum de pureté céleste.

Non, l'art chrétien ne fut pas incomplet : il était

riche en idée, suffisamment pourvu d'expression, quoique ne possédant pas l'exubérance de formes que nous ne sommes pas tentés d'envier à la renaissance. Cet art fut complet, car il atteignit son but, qui était de louer Dieu et d'exalter l'âme par la ferveur et la foi; il fut complet, car les images qui nous restent du moyen-âge sont et demeurent des types achevés de beauté pure et simple, comme Dante en a rêvé dans la transfiguration de Béatrice. Si donc l'art chrétien, avec ces éléments de foi si féconds, atteignit son but au siècle le plus croyant et le plus poétique du christianisme, pourquoi serait-il incomplet? il se peut qu'il ne nous suffise pas, à nous, qui sortons à peine de la renaissance et du protestantisme, idolâtrie des sens et du moi humain. Mais à qui la faute? Même avec cette révolte dans la chair et cet obscurcissement dans l'esprit, pour peu que nous voulions ouvrir notre âme à la méditation, cet art divin nous frappe et nous attire; nous commençons à en comprendre les mystérieuses beautés, à saisir les relations qui le rattachent au monde supérieur, dont il nous sert comme d'intermédiaire. Plus nous devenons chrétiens, et mieux nous le comprenons.

Si le savant historien de Léon X veut dire que l'art du moyen-âge, manquant de ces brillants moyens d'exécution que l'industrie moderne a mis au service de l'art contemporain, ne se jeta pas dans des voies nouvelles qu'il ne soupçonnait même pas; il aura peut-être raison dans l'idée, mais non dans la forme, car ce n'est pas ce qui complète l'art, mais ce qui le perfectionne. D'ailleurs, qui ne l'avoue? Est-ce qu'on fera jamais un reproche au xiiie siècle de n'avoir pas mis en pratique l'invention attribuée à Van Eyck? Mais avons nous bien, nous-mêmes, conservé tous les procédés d'art du moyen-âge : le secret de ces fresques indélébiles, de ces peintures polychromes si fraîches encore, le secret de ces verrières d'un si bel effet et d'une si simple composition? Nous ne savons; peut-être est-il permis de conjecturer que, si l'art sacré de ces siècles de foi avait eu à son service les toiles où se sont exercées les écoles modernes, il aurait dépassé de beaucoup les merveilles de la peinture à l'huile. Mais à quoi bon ces détails matériels, qui ne servent qu'à rapetisser la question? Laissons aux siècles modernes leurs perfectionnements, et reconnaissons aux siècles anciens leur foi et leur génie.

Mais peut-être M. Audin veut-il dire que, si l'art chrétien eût joint à sa beauté d'idée la beauté de forme que l'on reconnaît volontiers à la renaissance, il eût été plus parfait? Soit. On peut l'accorder sans que l'art chrétien soit vaincu dans le parallèle et sans qu'il ait rien à envier à l'art de la renaissance; car enfin, il importe que cet art demeure toujours fidèle à la vérité chrétienne, et fasse prédominer l'idée sur la forme, l'âme sur la chair. Or, c'est ce qu'a fait constamment le moyen-âge; n'est-ce pas, au contraire, ce qu'a complétement méconnu la renaissance? Que l'on compare une œuvre de frère Angélique, qui priait avec son pinceau, comme M. Audin le dit si bien, à une œuvre de Raphaël dégénéré, qui copiait ses madones sur la figure de la Fornarina (1), l'on comprendra bientôt combien l'art chrétien l'emporte en pureté, en beauté même; car la vraie beauté n'est que le rejaillissement extérieur de la sainteté, sa floraison sensible dans le corps et surtout dans la tête, comme l'a toujours compris le moyen-âge. D'ailleurs, est-il bien vrai que la beauté sensible et sensuelle, la perfection de la forme, peuvent s'accorder parfaitement avec la pureté et la prééminence de la beauté mystique, l'idéalité pleine de foi, qui est le cachet de l'art sacerdotal? — Sans doute, l'une est préférable à l'autre, nous direz-vous; qui le nie? Mais si l'on peut joindre l'une à l'autre, enfermer la plus belle âme dans le plus beau corps, ne sera-ce pas un vrai progrès sur l'art du XIIIe siècle? — Peut-être : mais cela même est-il

---

(1) Au bas du dessin qui fut la première pensée de la *Sainte Famille* de Raphaël, qui se trouve au musée, on lit : « Raphaël d'Urbin, avant de faire pour le roi François Ier la *Très Sainte famille*, prenait modèle de son amie. » C'est la traduction de l'inscription latine. Quelle profanation ! Et cette impudique renaissance osait ainsi dévoiler aux yeux de tous les honteuses pratiques de son art. Ce qui étonne, ce n'est pas tant l'abjection de l'artiste, que l'abjection d'une époque où le sens chrétien est tellement oblitéré, qu'on n'entend pas une voix flétrir ces indignités.

possible? La perfection outrée de la forme entre-t-elle bien dans l'idée chrétienne, qui, sans doute, ne répudie pas la beauté extérieure ou plastique, mais la coordonne rigoureusement à la beauté intérieure ou mystique? Et quel sera le puissant génie qui pétrira dans ses mains, fortes et inspirées, ces deux éléments de perfection, pour en faire sortir une œuvre belle de l'ineffable beauté de Dieu? Raphaël, peut-être? Mais Raphaël lui-même, le malheureux, a succombé à la tâche. De votre aveu, après avoir commencé par les madones traditionnelles de l'école mystique de frère Angélique et du Pérugin, il a fini par le naturalisme sensuel, que ses disciples ont poussé à des conséquences effrénées.

Il faut donc avouer que l'accord parfait de la perfection de la forme et de la perfection de l'idée est assez problématique, et que, si le moyen-âge préféra la perfection idéale à la perfection plastique, en cela il resta dans la vérité chrétienne, atteignit puissamment son but sublime, et pour cela fut et demeura complet, complet d'idée, et aussi complet que possible de forme et d'exécution.

A propos de Raphaël, dont on est convenu de faire la personnification de l'art à la renaissance, examinons, en passant, en quoi cet art si vanté différait de celui du moyen-âge. Il en est qui croient que ce ne fut qu'un développement plus large et plus puissant des principes traditionnels et hiératiques du moyen-âge, fécondés par un élément nouveau, l'élément antique : la simple comparaison entre ces deux expressions du génie humain fera ressortir l'invraisemblance de cette opinion. Nous avons dit comment procéda l'art chrétien, nourri et fécondé par les traditions sacerdotales : il choisit ses types dans la Bible et dans la légende, ces deux trésors de foi et d'imagination pieuse ; il considéra toute expression plastique comme une prière, et y prépara son âme ; puis, après avoir retrempé son génie aux sources pures de la foi et de l'amour, il imprima sur ses œuvres un cachet de beauté idéale et surnaturelle qui s'adresse le moins possible aux sens, et se met en communication presque immédiate avec l'âme. Pour lui, la forme n'est qu'un voile nécessaire, mais le plus transparent possible, à travers lequel l'idée vit et se meut. Et encore c'est dans la tête que resplendit ce caractère souverain, parce que la tête, comme nous l'avons fait surabondamment remarquer, pleure, souffre, pardonne, sourit, aime, bénit, tandis que le reste du corps, par sa pose et son attitude, ne sert qu'à contribuer à l'expression de la face. En ce XIIIe siècle, plus ou moins paisible, mais admirablement organisé pour le développement de la ferveur et de la foi, du mysticisme des âmes rêveuses et des méditations solitaires du cloître, l'art, exercé le plus souvent par des mains consacrées, fut tout imprégné d'éléments religieux, et rendit parfaitement l'élan et la ferveur de l'âme chrétienne. A la renaissance, l'art procède tout différemment : il est sorti du cloître et du sanctuaire, ainsi que la science.

L'imprimerie, qui a attiré vers elle une grande partie de l'activité de l'esprit humain, va remplacer, par son expression plus prompte et plus facile, l'expression plastique de la foi et de l'amour. L'Église se trouve attaquée par une hérésie formidable. Une activité prodigieuse est dans tous les esprits, une fièvre de nouveauté brûle toutes les têtes. Où trouver ce calme des solitudes sacrées, cette retraite où se plongeaient volontiers nos artistes chrétiens ? Où cette ferveur, cette inspiration nécessaire à vivifier l'expression d'une idée religieuse ? On ne croit plus, on discute. On ne prie pas, on argumente. Sur ces entrefaites la prise de Constantinople refoule sur l'Italie les Grecs dégénérés, emportant leur mythologie païenne dans leurs beaux livres encore inexplorés. On fouille de toute part le sol de l'Italie, et, de ses entrailles, l'art païen sort tout resplendissant de formes admirables, salué par toutes ces imaginations en délire. On dit et l'on répète que, jusqu'à présent, l'art n'avait fait que végéter dans le terrain traditionnel, épuisé, sacerdotal. On brise définitivement avec les formes hiératiques et les types vénérés. On veut du nouveau et l'on se jette dans le paganisme. C'est ainsi que l'art se *réforme*.

La renaissance a donc pris le contre-pied de l'art chrétien. Au milieu du tumulte et de l'agitation des esprits, elle déclara la sécularisation de l'art, comme en Allemagne, à la même époque, on déclara la sécularisation des couvents. L'art, une fois dans la rue, s'adressa aux sens. Peu lui importa d'asservir l'idée; il se fit l'auxiliaire des passions surexcitées. Il prétendit réhabiliter la forme malheureusement méconnue au moyen-âge, pensait-il, et il l'a glorifia d'une telle sorte qu'il la fit prédominer sur l'idée. Les sens excités ne virent plus, ne voulurent plus voir qu'un luxe de formes nues et de beautés sensuelles. Le siècle était tellement entraîné sur cette pente fatale vers le paganisme de l'art, que le plus beau génie de cette époque dut en subir la funeste influence. Raphaël était pourtant de l'école mystique et traditionnelle de Giotto, par son père Santi, le peintre des madones, par le Pérugin, son maître, et par Mazaccio, dont il avait pu étudier les œuvres à Florence même. Le Pérugin et Mazaccio sont les derniers représentants de l'école mystique du moyen-âge.

Raphaël ne put échapper tout d'abord à cette influence de l'art chrétien, qui avait entouré son berceau et souri à ses premiers pas; les derniers reflets de l'école ombrienne illuminent son jeune front. On remarque que ses premières madones sont toutes prises sur le type traditionnel et chrétien, et certes ce ne sont pas ses moins suaves créations. Mais, à Florence, paganisée par les Médicis malgré les efforts de Savonarola, ce beau génie se laissa pénétrer par l'élément païen; si ses œuvres d'alors sont plus larges de conception, elles manifestent cependant cette déplorable tendance, non plus à la réhabilitation, mais à la domination de la forme sur l'idée qui s'amoindrit. Si la mort n'eût pas arrêté Raphaël au tableau de la « transfiguration », cette transformation d'un si beau talent eût sans doute été plus complète et plus sensible, et ses disciples n'auraient pas eu besoin de tant dégénérer pour tomber dans le naturalisme le plus sensuel. Voilà où aboutit l'art de la renaissance mis en œuvre par son artiste le plus éminent. L'on comprend qu'un art qui parvint ainsi, en moins d'un demi-siècle, à un but si différent de celui du moyen-âge, dut s'appuyer sur un principe tout opposé. Nous l'avons indiqué, ce fut la réhabilitation, ou mieux l'adoration de la forme et sa prédominance dès lors nécessaire sur l'idée. On n'a peut-être pas remarqué que la renaissance dans l'art fut la réforme introduite dans l'expression, autrefois chrétienne, de la prière et de la foi. C'est le même principe : ce sont aussi les mêmes résultats. Le principe : la discussion, le sens privé au lieu de la tradition et de la foi. Les résultats : la réforme, dans l'Eglise, fut l'idolâtrie du moi humain, du sens privé ; la renaissance, dans l'art, fut l'idolâtrie de la forme et des sens. La réforme ne put s'implanter en Italie ; elle envahit l'art, et prit ainsi sa revanche sur la papauté, qui lui fermait son domaine patrimonial. Toutefois, il ne faudrait pas pousser ces idées dans leur sens absolu ; mais, dans leur application, on doit tenir compte des événements et des hommes qui ont pu retarder où hâter leur marche, sans les arrêter ni les faire dévier de leur chemin providentiel.

Il faut bien s'arrêter à la renaissance, au siècle de Léon X, qui en fut le brillant apogée dans l'Italie; mais si on voulait la suivre envahissant nos contrées septentrionales, nous aurions à constater de plus déplorables résultats : l'affaiblissement du sens chrétien et national; l'abandon des traditions sacrées; le septicisme dans l'esprit, et le sensualisme dans le cœur. Enfin, depuis cette réforme, l'art a corrompu sa voie; il est devenu l'auxiliaire du vice et de l'incroyance. C'est triste à dire, mais c'est l'enseignement qui ressort de l'histoire. Aujourd'hui, en dehors d'une école qui s'est donné la belle mission de réhabiliter le moyen-âge, l'art religieux n'existe nulle part. Il n'y a pas une étincelle de chaleur à recueillir le plus souvent sur ces œuvres dites religieuses, pâles et insignifiantes productions qui, chaque année, encombrent les galeries du Louvre. Avec le principe chrétien, la vie de l'art s'est éteinte. Si donc l'art veut ressusciter, il faut qu'il revienne franchement au principe chrétien du moyen-âge, et qu'il répudie le principe païen de la renaissance.

Pour se maintenir dans son élévation et dans sa pureté, l'art chrétien eut besoin, en outre du patronage visible et vénéré de l'Église, d'un autre patronage sacré qui lui ouvrit l'entrée et les mystères du monde invisible.

Parmi les créatures de Dieu, il en est une que la grâce a tellement exaltée, que l'Église a tellement glorifiée, que l'art dut la prendre pour type vénéré de ses œuvres, pour source de ses inspirations : c'est la mère de Dieu, Marie. La madone fut en quelque sorte, au moyen-âge, la dame et la maîtresse de tous les artistes qui la glorifièrent à l'envi. Dante, qui la met, si belle et si rayonnante, dans son dixième ciel et qui clot le paradis par son nom sacré, Dante s'est montré, comme tous les autres artistes du temps, l'écho fidèle des traditions hiératiques de l'art et de la poésie. Sans doute, la Vierge méritait à tous égards ce culte fervent et filial dont l'art fêtait la souveraine. Belle, entre toutes les créatures humaines, la Salamite des cantiques, s'élevant comme l'aurore à l'Orient de ce siècle inspiré, devait offrir à l'imagination rêveuse de nos artistes le type ineffable d'une beauté radieuse et mystique dans un corps chaste, glorieux et transfiguré; aussi fut-elle la bien-aimée de l'art chrétien. Elle régna véritablement par sa beauté céleste, sur les poètes et sur les artistes, sur les chevaliers et sur les clercs. Ces merveilleuses cathédrales gothiques, placées sous le vocable de Notre-Dame, résument admirablement la pensée et l'enthousiasme du moyen-âge. Marie, qui a une part si belle dans l'œuvre divine de la rédemption humaine; Marie, qui règne à la droite de son fils, au-dessus de toute chose créée ; Marie, cette glorieuse personnification de l'Eglise, et qui préside dans l'ordre physique et moral, à la garde de toute beauté et de toute pureté, prit sous son patronage l'art chrétien, qui avait besoin d'une puissante protectrice au ciel, et d'un type de beauté mystique et vénérée sur la terre. Ce patronage, la Vierge l'exerça au profit de l'art avec sa toute puissance suppliante ; elle le sauvegarda du sensualisme, et lui distribua ces flots d'inspirations qui ne manquèrent jamais à l'artiste chrétien. Aussi, l'art hiératique reconnut cette gracieuse suzeraineté par une redevance incomparable de bénédictions et de louanges formulées en œuvres innombrables et toujours suaves comme le nom qu'elles glorifient. Ce culte de Marie, que l'art chrétien poussa jusqu'à la plus filiale et naïve tendresse, distinguera toujours le moyen-âge de la renaissance qui oublia le nom de la Vierge pour le nom païen des muses mythologiques.

CHAPITRE IV.

De la mission de l'art chrétien.

Ab re non facimus, si per visibilia invisibilia demonstramus.
(S. GREGORII. *Epist.*, l. VII.; *Epist.*, 54, ad secund.)

« Nous n'agissons pas sans raison, dit saint Grégoire, si, par les choses visibles, nous enseignons les choses invisibles. » Et, appliquant ce principe aux images, il écrit à Serenus, évêque de Marseille : « On emploie les peintures dans les églises, afin que ceux qui ne savent pas lire, du moins, en jetant les yeux sur les murs ornés d'images, lisent ce qu'ils ne peuvent lire dans les livres (1). » Ailleurs encore, revenant sur la même idée et développant la doctrine catholique sur les images, pour l'opposer à l'hérésie des iconoclastes : « Ce qu'est l'écriture pour ceux qui savent lire, est la peinture pour les ignorants ; car en elle ils voient ce qu'ils doivent imiter ; en elle lisent ceux qui ne savent pas lire (2). » Ainsi, en nous appuyant des enseignements autorisés du grand docteur qui nous ouvre le moyen-âge, l'art chrétien est surtout un enseignement, une prédication, un auxiliaire de la parole, une parole représentée, une parole faite image pour parler aux yeux et pénétrer jusqu'à l'âme. — Développons à loisir cette mission évangélique de l'art chrétien, qui est à la fois son but et sa raison, son inspiration et sa dignité.

L'Église n'a point laissé se développer à l'aventure et se perdre au hasard les facultés si multiples de l'homme : la créature rachetée, par le sang d'un Dieu et restaurée par sa grâce, était pour elle trop précieuse pour qu'elle consentît à perdre la moindre de ses œuvres et le plus faible de ses soupirs. Au-

---

(1) *Epist.*, lib. VII., *Epist.*, CXI.
(2) *Epist.*, lib. IX., *Epist.*, IX.

dessus de la terre, au-dessus du temps, au-dessus des choses visibles, au-dessus de lui-même, au-dessus de toute créature, elle lui a marqué un but suprême où doivent tendre tous ses efforts, aspirer toutes ses puissances, converger toutes ses facultés, et enfin se reposer tous ses désirs, se réaliser toutes ses espérances, se rassasier toutes ses avidités de connaître, d'aimer et de jouir : Dieu. Elle a relié l'homme en une puissante et majestueuse unité ; comme ces gerbes de colonnettes, liées à la base du monument, reliées au chapiteau par une guirlande de fleurs, et s'épanouissant à la voûte en légères et robustes nervures, tout à la fois ornements et soutiens de l'édifice. — Sous la puissante main de l'Église, l'homme, naturellement si divers, a été ainsi relié en un, fortement discipliné et tout entier dirigé en haut. Le moyen-âge, où l'Église nous offre toute sa liberté d'action, avait fait une admirable synthèse de toutes les connaissances humaines, des sciences et des arts; et cette synthèse se terminait à Dieu.

Sans doute, les sciences de la matière étaient pour lui bien incomplètes et mêlées de bien des erreurs ; mais, en revanche, de quelles lumières étaient pénétrées les sciences de l'esprit, la théologie, la philosophie et la politique; de quelle poésie étaient pénétrées les sciences de l'imagination et du cœur, les mille ramifications de l'art! D'ailleurs, le plan était tracé, plus qu'à moitié rempli; les siècles suivants n'avaient qu'à le compléter, comme ces magnifiques cathédrales dont le xiiie siècle dessina les lignes profondes, éleva les membres gigantesques, auxquelles les générations successives n'eurent qu'à ajouter les accessoires et à ornementer les détails. Mais, sous prétexte d'affranchir l'esprit humain des entraves sacerdotales, nos siècles modernes ont brisé ce plan, détruit cette synthèse ; semblables en leur inepte barbarie à ces architectes restaurateurs que nous avons vus à l'œuvre, abattant les faisceaux de colonnettes qui obstruent le regard à l'intérieur, rasant les contre-forts et les arcs-boutants qui embarrassent l'édifice à l'extérieur, tout étonnés de voir la voûte s'effondrer et l'édifice tomber en ruines. Il en a été ainsi de l'homme, le lien brisé, les étais abattus, il s'est écroulé tout entier sur la tête de cette science ignorante et présomptueuse qui, voulant l'affranchir de Dieu et de l'Église, est demeurée gisante sous les ruines qu'elle a faites. Et nous en sommes maintenant à attendre un corps de doctrine, une synthèse intellectuelle, morale et artistique qui remplace celle de nos pères et qui fasse l'homme aussi grand, aussi éclairé, aussi saint qu'autrefois.

Plusieurs grands docteurs du moyen-âge, entre autres Vincent de Beauvais et saint Bonaventure, ont tracé le système d'unité inspiré par l'Église. Pendant que Vincent de Beauvais, dans son *Miroir général*, réunit tous les traits de la science et de la vérité pour recomposer le faisceau lumineux rompu par le péché, et réfléchir ainsi tous les traits de la divine ressemblance, saint Bonaventure n'a fait que tracer le plan de cette magnifique synthèse, dans son opuscule *De reductione artium ad theologiam*, *des arts ramenés à la théologie ;* décomposant ainsi le prisme lumineux de la vérité, il conclut, mêlant la profondeur du mysticisme à la limpidité scolastique : « De ce que nous venons de dire, on peut conclure que, quoique d'après notre première division, la lumière qui descend d'en haut soit divisée en quatre rayons, on remarque cependant en elle six différences, à savoir : la lumière de la sainte écriture, la lumière de la connaissance sensitive, la lumière de l'art manuel, la lumière de la philosophie naturelle et la lumière de la philosophie morale. Et c'est pourquoi six illuminations sont en cette vie, et elles ont leur soir ; car toute cette science sera détruite. Et c'est pourquoi lui succède le septième jour du repos, qui n'a pas de soir, à savoir l'illumination de la gloire ; d'où on peut très clairement ramener ces six illuminations au *senaire* de formations ou d'illuminations, dans lesquelles a été fait le monde ; de sorte que la connaissance de la sainte écriture réponde à la première formation, c'est-à-dire à la formation de la lumière, et ainsi de suite par ordre. Et comme toutes ces illuminations tiraient leur origine d'une seule lumière, de même toutes ces connaissances sont ordonnées pour la connaissance de la sainte écriture, en elle sont enfermées, en elle perfectionnées, et par son moyen ordonnées pour l'éternelle illumination. »

Voilà comment, disciplinées par l'Église, toutes les connaissances de l'homme sont coordonnées et hiérarchisées ; comment toutes les illuminations partielles des sens et de l'esprit aboutissent à l'illumination éternelle de la gloire. Dans la synthèse du docteur séraphique, l'illumination de l'art occupe la même place que la troisième illumination génésiaque dans la synthèse de la création : la séparation de la terre d'avec les eaux et la première production de la terre devenue féconde, la germination des plantes et des arbres. Nos vastes cathédrales gothiques semblent rappeler ce rapprochement mystique ; elles sont à la fois une vaste synthèse de l'esprit humain, un admirable *Miroir*, ouvragé par la main des artistes chrétiens, pour réunir et refléter les rayons épars de l'unité, de la vérité, de la beauté, et, en même temps, elles semblent, d'une manière plus spéciale, traduire aux sens et à l'esprit la troisième illumination du docteur séraphique. Si l'on voulait étudier la cathédrale gothique au point de vue mystique de saint Bonaventure, on pourrait trouver dans les verrières la première illumination, selon ces paroles de Guillaume Durand : « Les vitraux d'une Église figurent les saintes écritures ; ils protègent contre la pluie et le vent, c'est-à-dire contre toute chose nuisible ; mais ils transmettent la lumière du vrai soleil, c'est-à-dire, Dieu dans le cœur des fidèles.

Ces vitraux sont plus larges en dedans qu'en dehors, parce que le sens mystique est plus ample et précède le sens littéral » (1). La voûte qui s'élève si haut au-dessus du sol et du pavé représenterait la seconde illumination, la création du firmament, et la séparation des eaux supérieures et des eaux inférieures. — La troisième illumination, nous la trouverions au-dessous des verrières lumineuses, au-dessous du firmament des voûtes, dans ces colonnes aux chapiteaux sculptés, dans ces galeries intérieures et extérieures, dans cette région moyenne de l'édifice où il semble que s'étalent toutes les productions du règne végétal. — On pourrait ainsi, en descendant jusqu'aux fondements, en passant à l'extérieur par le portail aux profondes voussures, en considérant les contreforts et les arcs-boutants chargés de pinacles, d'édicules et de statues, retrouver tout le système illuminatif de saint Bonaventure, expliqué par le symbolisme de Guillaume Durand.

A un autre point de vue et sous un aspect qui nous est plus familier, la cathédrale, non-seulement est une synthèse intellectuelle, mais encore et bien mieux une synthèse de l'art chrétien. Toutes les branches de l'art viennent se réunir et former une immense et puissante harmonie condensée, régularisée, mesurée, dans la cathédrale; et cette harmonie, comme celle des sphères, comme celle de la création,

(1) *Rationale divin. officiorum*, l. I, cap. I.

ne chante qu'un nom, le grand nom de Dieu, écho et prélude de l'harmonie éternelle des saints. Telle est la plus haute signification de l'art; la cathédrale en est le chef-d'œuvre, la production la plus vaste et la plus complète, la plus profonde et la plus vivante. Issue de l'esprit et de la matière, elle est esprit et matière elle aussi, réalité et symbolisme; et, tout entière consacrée à Dieu comme une vierge avec sa lampe allumée, et, son cœur fermé aux affections de la terre, sa tête couronnée de lis et ses regards fixés à l'orient, attendant tout impatiente et recueillie la venue du divin époux.

Ainsi considéré, l'art chrétien est donc un hommage à Dieu; hommage que l'Église offre de ses mains, qu'elle marque de son sceau et consacre de ses bénédictions; mais ce n'est pas tout, et ce n'est là que le côté spéculatif, pour ainsi dire, de l'art chrétien. Il y a en l'homme une double loi, ou plutôt une loi unique qui possède un double mouvement, mouvement de concentration, et mouvement d'expansion; son âme ouvre la bouche pour attirer l'esprit (1), et bientôt le répand au dehors par le prosélytisme de la charité. Il n'a pas été dit seulement à l'homme : Crois et adore, il lui a été dit encore : Va et enseigne. L'art chrétien obéit à cette double loi; il croit et il adore, il est un acte de foi et une formule d'adoration; mais il a encore une mission à

---

(1) *Ps.*, c. XVIII-131.

remplir sur la terre, c'est d'enseigner, d'édifier, de consoler; c'est de répandre dans les âmes l'esprit de vérité, de pureté et d'amour. « Et voilà le fruit de toutes les sciences, c'est qu'en toutes choses soit édifiée la foi, soit honoré Dieu, soient relevées les mœurs, soient puisées les consolations qui consistent dans l'union de l'époux et de l'épouse (1). »

Nous l'avons déjà vu, l'art, réalisant les types immatériels que perçoit l'esprit dans sa participation à la lumière du Verbe, est à sa manière un écho de la parole éternelle, une image de l'image incréée de la divine substance. Si, dans le monde, « rien n'est sans voix (2); » si en toute chose qui se sent ou se connaît à l'intérieur se cache Dieu (3), » l'art sera une des voix les plus puissantes qui parlent aux sens et à l'esprit, une des choses à la fois sensibles et intelligibles au fond desquelles Dieu se retrouve avec plus d'abondance et se révèle avec plus de lumière. « Si nous considérons le plaisir des sens dans la contemplation des œuvres d'art, dit ici saint Bonaventure, nous apercevrons l'union de Dieu et de l'âme; car chacun des sens cherche le *sensible* qui lui convient, avec désir, le trouve avec joie, et y revient sans dégoût. En effet, l'œil n'est point rassasié de voir ni l'oreille d'entendre. Et de cette

---

(1) S. BONAVENTURE. *De reductione, etc..*
(2) *I cor.* XIV. 10.
(3) *De reduct., etc*

manière aussi, le sens de notre cœur doit ardemment chercher, soit le beau, soit l'harmonieux, soit l'odoriférant, soit le doux, soit le poli, le trouver avec joie et incessamment y revenir. Voilà comment, dans la connaissance sensitive, est contenue d'une manière cachée la divine sagesse; et combien est admirable la contemplation des cinq sens spirituels selon leur conformité avec les sens corporels (1). » Des modulations mélodieuses d'un petit oiseau, saint Augustin s'élevait, par le raisonnement philosophique et l'élan naturel de son beau génie, à la source même de l'harmonie et de la beauté. « Lorsque chante le rossignol, pensez combien nombreuses, combien suaves sont les beautés de sons que traverse l'air agité par le gosier de ce mélodieux oiseau; l'âme de ce petit oiseau ne les créerait pas si librement à son caprice, si par le mouvement vital il ne les portait incorporellement imprimées en lui (2). » Et il s'élevait ainsi à l'artiste souverain, créateur de ce mélodieux musicien, il s'élevait à l'unité éternelle, source des nombres et de l'harmonie. Ainsi de l'art et de ses créations : « Des œuvres d'art, nous tournant à la loi des arts, nous apercevrons par l'esprit cette beauté en comparaison de laquelle sont difformes les choses mêmes qui par sa bonté sont belles (3). »

(1) *De reduct.*, etc.
(2) *De verà relig.*, XLII.
(3) *Id.*, LII.

Mais ces considérations philosophiques ne conviennent qu'à quelques esprits spéculatifs ; l'enseignement de l'art chrétien ne se borne pas à éclairer les sommets de l'intelligence, il doit surtout illuminer les masses et parler au peuple : les vérités annoncées par la voix du prêtre, l'Église les enseigne par la main de l'artiste. Ces deux enseignements doivent se correspondre, ou plutôt l'un doit être le retentissement, la traduction plastique de l'autre. Ce n'est pas sans raison que l'intelligence humaine est en contact avec le monde matériel ; esprit enfermé dans le vase de la chair, l'homme n'est complet, même dans l'exercice de son intelligence, qu'après s'être mis en communication avec le monde extérieur ; on dirait que la lumière ne pénètre dans son esprit que par les sens qui sont comme les verrières et les portes de son âme, et que la conscience de sa personnalité ne s'éveille qu'au son de la voix humaine, à l'écho sonore d'une pensée venant de l'extérieur. Aussi, l'Église, qui sait bien, elle, tous les secrets et tous les mystères de notre nature, s'est emparée de tous nos sens, et a placé la vérité à toutes les issues de notre âme. Le génie de ses artistes n'a pas été moins efficace que la parole de ses docteurs, n'a pas produit de moindres fruits de salut, et le monde visible n'a été ainsi que l'écho, le miroir du monde invisible.

On pourrait dire que, sans le secours de l'art, le dogme chrétien n'aurait ni la même puissance sur les âmes ni la même influence sur les masses. Ici nous faisons abstraction de l'élément surnaturel et pleinement divin de la grâce, qui ne se peut apprécier à la capacité de notre esprit, ni mesurer à la hauteur d'un édifice. Mais, puisque l'Église a su tirer de l'art chrétien de si magnifiques enseignements pour développer et inculquer ses dogmes, il nous est permis, sans doute, de le compter au nombre de ces organes de sanctification que l'homme fait mouvoir, mais que l'esprit de Dieu sait bien diriger. Sans doute, la parole est puissante ; mais, en outre qu'il faut un effort d'attention pour la percevoir, un effort de raisonnement pour y saisir la vérité, elle expire souvent aux portes de l'âme, ou y meurt sans fruit après y être pénétrée, comme cette semence du père de famille, dont une faible partie seulement tombe dans une terre bien préparée, et produit au centuple des fruits de vérité. Tel n'est pas l'enseignement de l'art chrétien ; il se sert du charme de voir et d'entendre sans contrainte, de ce charme des sens qui ne se rassasient jamais de chercher, de trouver, de goûter leur *sensible*, comme dit saint Bonaventure ; et sous le voile de la beauté artistique, qui a tant d'attraits pour nous, il nous enseigne les traits et nous révèle les charmes de l'éternelle beauté. L'image étant moins immatérielle que la parole, saisit plus puissamment les sens, et, sans chercher à les exciter, elle les charme, elle les endort doucement et les enchante lorsqu'elle est parvenue à l'âme pour lui parler le langage de l'esprit. L'image est une parole qui a pris corps, vie et couleur; c'est une parole qui condescend à notre nature tout extérieure et sensible; et qui, à l'imitation du Verbe éternel, se fait chair pour habiter parmi nous, et pour nous montrer la gloire du fils unique du père, plein de grâce et de vérité (1).

Si telle est la puissance de l'art sur tous les hommes en général, quelle sera sa puissance sur le peuple, sur les petits, les pauvres, les ignorants, sur ceux qui ne jugent et ne comprennent que par les sens, et sont peu ouverts aux abstractions métaphysiques; sur ceux dont l'âme tout inclinée vers les choses extérieures par l'effort du travail et de la misère, a besoin d'un appui qui la soutienne, d'une voix qui la console, d'un enseignement qu'elle comprenne? C'est pour ceux-là surtout que l'art chrétien déploie ses pompes, revêt le culte de son éclat, prête au dogme son exposition, à la foi son langage, à la prière ses formules saisissantes. L'Église l'a ainsi compris, et, lorsqu'elle dirigeait elle-même toutes les facultés de l'homme, lorsqu'elle mettait en œuvre toutes ses puissances, telle était la mission qu'elle avait donnée à l'art : d'être une exposition de l'évangile, une prédication plastique à côté de la prédication apostolique, un catéchisme monumental à l'usage du peuple; et aussi, car l'Église est toujours

(1) *Joan.*, 1-14.

mère, un spectacle pour ses yeux, un concert pour ses oreilles, une richesse pour sa pauvreté, une noblesse pour sa misère, une consolation pour ses épreuves, une promesse pour ses espérances. Tel doit être l'art chrétien pour correspondre à ses destinées; tel il était autrefois.

Au moyen-âge, le peuple entier était le maçon, l'ouvrier de ces œuvres admirables dont l'Église inspirait, fécondait, dirigeait l'exécution et la pensée. Sous la conduite des moines ou des clercs, architectes de leurs sublimes cathédrales, le peuple entier accourait portant à l'œuvre sainte, ses bras, ses travaux et ses sueurs; l'Église les payait outre mesure de ses indulgences et de ses grâces. Mais, en même temps que l'art devenait un acte public de religion, l'Église en faisait un moyen de prédication et d'enseignement pour le peuple, une fête pieuse, couvrant de ses splendeurs la misère du pauvre, noyant de ses joies les souffrances du malheureux. Il faut des fêtes au peuple, quelque chose qui éclate à ses yeux, chante à ses oreilles, parle à ses sens; quelque chose de grand et de beau, où son corps se repose et son âme se dilate, où il puisse mêler sa grande voix et assoupir ses fortes passions. L'Église l'avait compris, et elle se servait de l'art chrétien comme d'une voix douce pour l'encourager, d'une caresse maternelle pour le consoler. La multitude de ceux qui ignorent et qui travaillent, les privilégiés de l'amour et de la compatissance de Jésus, étaient aussi les privilégiés des prières et des fêtes de l'Église. C'est pour eux qu'elle étalait les magnificences de son culte, faisait chanter le chœur aérien de ses cloches, resplendir ses cathédrales, soupirer ses orgues, éclater ses mélodies liturgiques, déployer ses augustes cérémonies. Voilà le moyen de faire entrer la foi au cœur des populations. L'Église avait fait de l'art l'auxiliaire de la parole, un organe de prédication aux yeux qui avaient besoin de voir et aux oreilles qui avaient besoin d'entendre. Cette propagande plastique, cette prédication puissante de la matière purifiée et vivifiée par la foi, constituait l'*apostolat de l'art chrétien*, la dignité la plus haute, la puissance la plus grande où l'art puisse jamais parvenir.

La prédication de la parole toute simple et toute nue est incomplète, impuissante sur les masses, tant qu'elle ne sera pas soutenue, expliquée par cette prédication des sens. Au peuple, qui ne sait pas lire et qui n'est pas capable de science, montrez le saint de pierre qui prie dans sa niche gothique, les fleurs de ses champs qui ornent le front de la vieille église comme une aïeule couronnée par ses petits enfants; montrez la croix qui plane sur le sommet des clochers; faites monter pour lui les voûtes dans le ciel comme des firmaments constellés; faites les ruisseler d'or et d'azur comme une aube pure ou comme un soir d'été; jetez des faisceaux de colonnettes dans les airs comme des gerbes de saintes espérances et de pieux soupirs; faites resplendir vos verrières de saintes images et de merveilleuses légendes comme les portiques de la céleste Jérusalem ; faites étinceler l'autel de gerbes de lumière, de couronnes de feu; et là, sur cette scène splendide, faites chanter des prières et des cantiques où il mêlera sa grande voix, faites développer des cérémonies dramatiques où il aura sa place et son rôle, et alors le peuple vous comprendra, il priera, chantera, croira avec vous.

Le peuple croyait autrefois. Il n'avait pas moins de fatigues et de travaux qu'aujourd'hui, pas moins de misères et de souffrances peut-être; mais il était plus résigné, plus heureux, parce qu'il croyait et espérait; parce qu'on lui prêchait la foi dans sa langue naturelle, la langue des sens et de la matière, la langue des sons, des couleurs, des lignes et des contours; la langue de l'art chrétien. On aura beau faire et beau rêver, on ne soulagera guère les misères de la multitude; et si l'on fait son pain moins noir, son vêtement moins grossier, sa demeure moins sombre, on fera son esprit moins docile, son cœur moins résigné, ses appétits plus dévorants, tant qu'on n'augmentera pas sa foi avec son bien-être. Il y a un fond d'épreuves que le genre humain n'est pas près d'avoir épuisé, une mesure de travail et de souffrance qui doit tomber toujours sur le plus grand nombre. Mais ce qu'on peut faire, ce qu'on faisait autrefois, ce que faisait l'Église, c'est consoler et encourager, c'est relever et transfigurer les travaux et les misères; c'est, au moyen de l'art, faire sourdre au cœur du peuple une source pure de poésie et de dévotion. Chaque dimanche, chaque jour de fêtes, plus nombreuses et plus solennelles que de nos jours, l'Église convoquait les petits et les pauvres. C'est alors que la mystérieuse et profonde cathédrale, qui, les autres jours, soupirait et murmurait à peine, s'éveillait en tressaillant de joie avec toutes ses voix et tous ses cantiques. C'était la véritable maison du peuple, sa maison à lui, qu'il avait bâtie des sueurs de son front et des prières de ses lèvres; sa maison paternelle, où il séjournait une belle part, la plus belle part de sa vie, et dont il connaissait toutes les beautés, et comprenait toutes les harmonies. Et elle étalait pour lui des pompes et des magnificences qui faisaient pâlir celles des rois; elle lui faisait lire la merveilleuse histoire de ses ancêtres bibliques et évangéliques; elle lui chantait des hymnes comme en chantent les bienheureux dans le ciel. Et le peuple, lui, si facile à impressionner, et qui répond toujours par l'enthousiasme aux grands spectacles, remportait dans son cœur ravi le souvenir de ces fêtes, préludes des fêtes éternelles. Il avait entrevu dans le lointain de ces arcades fuyantes, dans le fond de ces nefs noyées de clartés, de couleurs et d'encens, l'aube de la céleste patrie; il avait entendu, dans ces mélodies indéfinissables du mode grégorien, l'écho des cantiques éternels; et la vie lui était douce avec ces promesses de la foi, la résignation facile avec ces perspectives du monde surnaturel.

Depuis bientôt trois siècles, l'art s'est révolté contre l'Église et a déclaré son indépendance; le peuple ne le comprend plus que comme une excitation aux jouissances sensuelles : le culte a été amoindri par cette défection de l'art; et la foi ne saisissant plus le peuple par tous les pores, l'art ne lui parlant plus la langue du ciel, et ne l'appelant plus aux fêtes religieuses, ce pauvre déshérité des biens et des jouissances de la terre, commence à trouver sa condition bien dure, son habitation bien étroite, sa nourriture bien grossière et cette société bien mal faite. Il ne croit plus et il n'espère plus; il ne sait plus souffrir et plus prier, et, finalement, il ne sait plus obéir ni à Dieu ni aux hommes.

Cette mission apostolique de l'art chrétien, l'Église l'a consacrée pendant tout le moyen-âge, et les effets en furent merveilleux et durables. Dieu se servit souvent de cette prédication pour en faire l'organe de sa grâce et pour convertir les âmes et les peuples : au IXe siècle, saint Méthodius convertissait le roi des Bulgares en peignant un jugement dernier sur les murs de son palais; et ce fût là le commencement de l'évangélisation de ce peuple indomptable. Il semble que Dieu ait béni l'art de ce concours si puissant donné à la parole évangélique; et il lui a tracé pendant quatre siècles une carrière magnifique pour le récompenser de son dévouement.

En dehors de ces effets généraux et profonds des œuvres d'art religieux sur les peuples et sur les masses, combien d'âmes ont trouvé, dans une œuvre d'art, l'expression de leur foi et la formule de leur amour ! leur contemplation intérieure correspondant à la contemplation de leurs sens, quelles consolations elles y ont puisées! combien de dévotions se sont ranimées ! combien de jouissances ineffables et pures ont été occasionnées par une heureuse combinaison de lignes, de couleurs et de sons, par une pieuse inspiration d'artistes ! « Nous ne réfléchissons pas que cette image muette de la madone et de l'enfant Jésus a parlé un langage mystérieux et consolant à plus d'un cœur assez humble et assez pur pour le comprendre, et qu'il n'y a peut-être pas de larmes plus précieuses devant Dieu que celles qui ont mouillé la pierre de ces modestes oratoires. C'est dans les vies des saints, bien plus que dans celles des peintres (nous pouvons dire de tous les artistes), qu'il faut chercher la preuve de ces rapports intéressants entre la religion et l'art (1). » C'est là le commentaire poétique de cette parole poétique de saint Grégoire : « Tu le cherches de tout ton cœur et de toute ton âme, celui dont tu désires avoir l'image sous les yeux, de sorte que la vision quotidienne du corps te rende plus attentif aux mystères

(1) *De la poés. chrét.*, etc., c. 6.

d'en haut; ainsi, en voyant son image, ton cœur s'enflamme de désir et d'amour (1). »

Que de mystères, en effet, se sont passés au sein des âmes par le moyen de ces œuvres d'art quelquefois dédaignées, mais dont l'expression naïve et pieuse touche mieux que des œuvres plus correctes, mais plus froides ! Quelles communications célestes ont coulé dans les cœurs simples et croyants, par l'organe, et, pour ainsi dire, par le canal d'un art pénétré de foi et de piété ! On ne peut comprendre et on ne peut dire les mystérieuses influences que les œuvres d'un artiste chrétien peuvent exercer sur les âmes. Nous touchons là aux confins du monde sensible et du monde immatériel. Dieu se plaît, dans la multitude infinie de ses complaisances et de ses douceurs, à récompenser ainsi le dévouement religieux d'un artiste, et la foi naïve d'une âme chrétienne. Que d'images, que de peintures, que d'œuvres d'art ont été l'instrument de prodiges et de miracles, dans le sens surnaturel du mot ! Combien en ont vus les siècles de foi ; et, il n'y a pas longtemps encore, l'Italie n'avait-elle pas sa madone miraculeuse ? Qui sait si l'art ne pourrait pas revendiquer une part dans ces communications extraordinaires de la grâce, et si l'artiste qui travaillait à ces œuvres de foi n'a pas mérité que son travail fut béni par ces écoulements du monde invisible ?

(1) S. Greg., ep. lib. VII. ep. 54.

Quoi qu'il en soit, il est d'autres faits plus appréciables et plus humains où l'élément surnaturel laisse bien distinguer l'influence de l'art. Entre autres, celui que raconte si bien M. Rio pourra servir d'exemple, et sera comme la légende de l'art, missionnaire et consolateur.

« Nous voguions vers les ruines de Torcello (dans les lagunes de Venise), par une belle matinée de printemps, quand, en débouchant du canal qui traverse Murano dans toute sa longueur, nous aperçûmes une petite île couverte d'arbres en fleurs, derrière lesquels était cachée une très modeste chaumière que nous découvrîmes bientôt. Près de l'endroit où aborda notre gondole, nous aperçûmes une madone sculptée dans le mur, avec une lampe qui brûlait devant elle, des fleurs fraîchement cueillies, et une bourse attachée à une longue perche pour recueillir l'aumône des pêcheurs et des gondoliers. On débarqua pour visiter le jardin ; nous trouvâmes un vieillard assis sur le seuil de la porte, et la douceur de son accent, jointe à la sérénité de son noble visage, nous ayant encouragés à l'interroger sur le genre de vie qu'il menait dans cette solitude, nous apprîmes de lui les détails les plus intéressants sur sa propre histoire, sur celle de son île, jadis occupée par des moines franciscains que l'invasion étrangère en avait chassés, sur celle de la madone que les mains profanes des soldats français avaient vainement essayé d'arracher de son tabernacle de pierre ; et cette dernière partie de son récit était plus fortement accentuée que les autres. Il y avait plus de vingt-cinq ans qu'il vivait presque constamment seul sur cet espace si resserré ; et quand nous lui demandâmes si cet isolement perpétuel ne l'attristait pas quelquefois, il nous répondit avec un sourire de confiance accompagné d'un geste très expressif, en nous montrant la madone, qu'ayant toujours eu la mère de Dieu près de lui, il n'avait jamais senti sa solitude ; que le voisinage d'une telle protectrice suffisait pour le rendre heureux, et que l'entretien de la lampe et le renouvellement des fleurs faisaient sa plus douce occupation. Assurément, ce n'était pas l'œuvre d'art en elle-même, qui charmait les ennuis de son ciel volontaire, mais elle était nécessaire pour entretenir en lui ce mouvement de poésie intérieure, qui est le privilége le plus enviable des âmes saintes et pieuses (1). »

Voilà, dans quelques-unes de ses expressions, l'influence de l'art sur les âmes. Aujourd'hui cette influence s'est pervertie, et l'art n'est plus puissant que pour le mal. Autrefois, il ne s'était pas déclaré indépendant et ne prétendait pas relever de lui seul ; il relevait d'une puissance qui peut ennoblir bien des soumissions et rehausser bien des services : l'Église. *La servir*, elle aussi, *c'est régner*, et l'art chrétien, son serviteur, son disciple et son apôtre, régnait

---

(1) *De la poés. chrét.*, c. 6.

sur les âmes, planant dans une sphère élevée, s'inspirant du ciel et le révélant à la terre. L'Église, formulant son enseignement par la théologie, exerçait sur l'art une suzeraineté nécessaire. Dans le domaine de l'intelligence, la théologie était la reine. Saint Bonaventure nous l'a dit, toutes les sciences aboutissaient à cette science supérieure, tous les arts se coordonnaient à cet art divin, toutes les illuminations procédaient de cette illumination qui se confond, dans les régions supérieures de l'esprit, avec l'illumination éternelle de la gloire. « Toutes les connaissances sont les servantes de la théologie, dit le docteur séraphique, *omnes cogniliones famulantur theologiæ* (1). » C'est pour n'avoir pas oublié ce principe d'ordre, pour être resté dans le plan hiérarchique tracé par l'Église, que l'art chrétien eut une si grande puissance sur les âmes pour leur édification : il fut une des formules les plus pures et en même temps les plus saisissantes du dogme, l'auxiliaire le plus puissant de la prédication et du culte, l'expression la plus poétique des croyances, des soupirs et des espérances du cœur chrétien.

Telle fut la mission de l'art, et le moyen-âge tout entier dépose avec quelle puissance il l'a exercée, avec quelle gloire il l'a remplie. Telle doit être encore sa mission de nos jours et dans l'avenir. Or, il ne pourra la remplir qu'en se remettant au service

(1) *De red.*, etc.

de l'Église, qu'en écoutant les leçons de la théologie, en s'abandonnant à cette suprême illumination de la vérité.

CHAPITRE V.
De la foi, principe de l'art chrétien.

Fides sperandarum substantia rerum, argumentum non apparentium.
(HEBR. XI. 1.)

Le mouvement est donné, nous le suivons tous plus ou moins; savants, nous étudions le moyen-âge; artistes, nous l'admirons; croyants, nous le regrettons; et il semble que les événements sont chargés de nous démontrer chaque jour combien était admirablement constitué ce moyen-âge, avec sa foi profonde et sa piété naïve, sa vénération pour l'autorité et sa générosité chevaleresque. Il est peu d'artistes, de quelque talent et de quelque avenir, qui ne lui demandent des inspirations, ou du moins qui n'avouent qu'il y avait là une source de vie et de poésie originale, puissante sur les esprits et sur les peuples. Mais suffit-il de suivre ce mouvement, les uns par mode, les autres par conviction; suffit-il d'étudier les procédés techniques du moyen-âge et de se les approprier pour arriver à sa puissance et à sa fécondité de production, à sa suavité d'expression? Quelques réflexions à ce sujet.

L'*art*, dans la plus haute acception du mot, nous l'avons dit, c'est l'*action* de l'homme s'exerçant sur la matière pour lui faire porter l'empreinte de sa pensée. L'art, c'est une création secondaire, et l'artiste est l'imitateur de Dieu, ce *grand artiste*, comme l'appelle saint Bonaventure. Il prend la matière, la façonne entre ses doigts intelligents, puis il inspire sur sa face le souffle de son âme, l'esprit de son génie (1). Admirable puissance que celle-là, qui unit le monde des *visibles* au monde des *invisibles* par un lien indissoluble, qui façonne la créature de Dieu à sa propre image, la marque de son sceau, la signe d'un rayon de sa lumière (2), et qui transmet à l'admiration des hommes une postérité de génie que les siècles futurs ne feront que rendre plus sacrée. Certes, si l'homme doit trouver son honneur et sa gloire, en même temps qu'accomplir son devoir, à reformer en lui les traits de l'image de Dieu, déformés par le péché, quel honneur presque divin, quelle jouissance intime et profonde, d'exercer sur la matière cette action créatrice qui fait jaillir du cahos, d'un bloc informe, d'une toile inanimée, une œuvre vivante, belle, radieuse, souriant à son auteur, et portant sur son front le trait ineffaçable de sa filiation mystérieuse !...

Or, si l'artiste est doué d'une telle puissance,

(1) *Gen.* ii-7.
(2) *Psalm.* iv.

comment doit-il l'exercer, dans quel but et pour quelle fin? Car l'homme est si grand, qu'il ne peut être raisonnable sans marquer un but à ses pensées, une fin à ses œuvres. Ici, nous rencontrons deux voies : celle qui nous détourne vers le paganisme, celle qui nous élève vers le christianisme; celle qui nous fait tomber dans la chair, celle qui nous rehausse jusqu'à l'esprit; celle qui nous déprime sous la domination des sens, celle qui nous conduit jusqu'aux sommets les plus éthérés de la pensée. La formule de l'une est *l'art pour l'art,* la formule de l'autre, l'*art pour Dieu.*

Le principe païen dans l'art fait régner la forme sur l'idée, la matière sur l'esprit; dans l'artiste, il fait dominer l'amour des sens, la recherche de la gloire. Le principe chrétien fait dominer l'idée sur la forme, l'esprit sur la matière dans l'art; dans l'artiste, l'humilité qui se cache en donnant son parfum, la charité qui se dévoue et se donne elle-même sans retour, la pureté qui est proprement la fleur de l'innocence. Tout s'enchaîne dans l'art païen; il s'adresse à l'homme uniquement et directement, il le saisit par les sens, le charme, l'attire, l'enlace, l'enivre et l'abandonne aux passions de l'orgueil et de la chair : esclave et victime à la fois, payant en applaudissements les tristes jouissances dont il se repaît. Tout est ordonné, hiérarchisé dans l'art chrétien : il s'adresse à Dieu finalement et souverainement; il saisit l'homme par l'esprit, par le cœur, non par les sens;

il le prend, le soulève et l'emporte avec lui, l'élevant à de saintes pensées, à de beaux rêves, à de pieux désirs, l'élevant au ciel, à Dieu.

Les deux principes sont bien distincts : voyons quelles en sont les conséquences. Combien d'artistes qui croient, en bonne conscience peut-être, avoir accompli leur devoir, et se présentent naïvement aux félicitations de leurs contemporains et à l'admiration de la postérité, parce qu'ils auront parfait une œuvre, non pour acheter la richesse, la faveur d'un homme ou d'un parti, mais la faveur du temps et de l'avenir, qu'on appelle la gloire? D'autres, Prométhées du génie, éprouvent l'immense satisfaction de s'être délivrés d'une idée qui les tourmentait, tombent en adoration devant elle comme Pygmalion devant sa statue, et croient avoir bien mérité de la société pour avoir illustré leur siècle d'une conception palpitante de vie et ardente de passion. Voilà bien la conséquence du principe païen, le principe de l'orgueil et des sens. Vous voulez qu'on vous admire, et vous vous posez plein de jactance ou d'une hypocrite modestie en face des hommes, en face de la postérité; vous voulez que votre nom retentisse dans la bouche et dans la mémoire des générations. Voilà donc le but de tant de travaux et de tant d'efforts, le but de ces veilles ardentes, de ces déchirements douloureux, de toute cette élaboration intime de la pensée qui a précédé de ses fatigues le travail des mains, le travail organique de la matière? Et encore le but suprême, l'obtiendrez-vous? Cette gloire, à laquelle vous sacrifiez votre talent, votre énergie, votre patience, les veilles de vos nuits, et les rêves de vos jours; cette idole, à laquelle vous prostituez les plus admirables dons de Dieu, la charmerez-vous, obtiendrez-vous ses faveurs, retiendra-t-elle votre nom? Peut-être. Et de ces artistes dévoyés qui se seront épuisés pour la vanité de leur amour-propre et de la gloire, on pourra bien dire : *receperunt mercedem suam. Vani, vanam*, ajoute saint Augustin; vains, ils ont reçu une récompense aussi vaine que leurs œuvres.

Dans cette nombreuse catégorie d'amours-propres, il y a place pour les contemplations extatiques de l'artiste dans son œuvre, pour cette satisfaction paternelle qui le transporte d'admiration devant les perfections de son œuvre, de joie devant les promesses d'immortalité qu'elle lui fait en souriant. Il est bien entendu que ce n'est là qu'une forme d'un sentiment égoïste et vivant au cœur de l'artiste indigne du but élevé de l'art. Il n'y a que Dieu, le premier et le grand artiste, qui soit en droit de jeter un regard paternel sur son œuvre, et de voir, avec un sentiment de satisfaction mystérieuse et profonde, *que cela est bon, que cela est beau* (1). Lui seul, car il est le but suprême de toute création; lui seul, car il est la source unique de la bonté, de la beauté et de la

---

(1) *Gen.* I.

perfection. Mais l'artiste se complaire dans son œuvre, et dire, avec une orgueilleuse satisfaction : Cela est bon, cela est beau ! Non, ce serait une vanité bien ridicule, si elle n'était coupable. A genoux, faible artisan d'une œuvre imparfaite; à genoux, non devant ton idole, mais devant le Dieu de toute vérité et de toute beauté; à genoux, et confesse que c'est de lui que descend le talent, le génie, la force, la puissance; de lui que vient tout don parfait; que c'est de lui que découle cette émanation de bonté, que sort ce reflet de beauté qui marque le front des créatures.

Ni la satisfaction de l'amour-propre, ni la recherche de la gloire, ni l'appât de l'argent, ni tous les autres sentiments égoïstes qui se cachent plus ou moins sous cette formule : *l'art pour l'art*, ne sont dignes d'un artiste sérieux, d'un artiste chrétien qui doit à Dieu l'hommage de son talent et le service de son art. Aujourd'hui, pas de prétextes pour se dérober à ce devoir, pour rabaisser la mission sublime de l'art. Ce n'est pas lorsque la lutte est partout flagrante entre le bien et le mal, entre le principe païen et le principe chrétien, qu'il sera permis de rester dans le vague poétique de l'indifférence ou de la fantaisie; ce n'est pas après dix-huit siècles de christianisme, après que le grand principe de la charité, de l'abnégation, du dévouement, a coulé sur les sociétés et sur les âmes avec le sang de la croix, que l'on peut innocemment détourner à son profit, au triste profit de son individualité vaniteuse, au profit de passions plus viles encore, le don divin, le don du génie qui doit fructifier pour la gloire de Dieu et le salut des sociétés.

L'artiste, en faisant de son art un trafic honteux, le dégrade et le détruit; car il est à remarquer que l'art s'amoindrit en s'avilissant, s'abaisse en se détournant de son but élevé. L'art vit surtout par l'esprit, s'inspire par en haut. S'il ne s'adresse pas à Dieu, il tombe au-dessous de l'homme; s'il n'est pas inspiré par la foi, il sera dévoré par le sensualisme. Il n'y a pas ici à s'occuper de l'art avant que le divin Sauveur fût venu racheter l'âme humaine, et la délivrer de la corruption des sens. L'art ne vivait alors que par quelques rayons de la vérité qui restaient encore dans les traditions et dans les âmes. Mais depuis que le christianisme, indiquant à l'homme son but divin, a coordonné, discipliné, dirigé toutes ses facultés vers Dieu, à la hauteur duquel il le rehausse par la grâce, toute intelligence qui se détourne de ce but est frappée d'anathème, d'aveuglement et d'impuissance; elle ne retrouve d'énergie qu'en se mettant au service du mal : funeste énergie qui la dévore, foyer infernal qui la brûle en la guidant vers l'abîme. Au contraire, tandis que l'âme chrétienne se trouve par la foi à la hauteur des plus sublimes vérités et des plus profonds mystères, l'art chrétien participe à cette puissance et s'élève à cette hauteur : il est grand et fort, fécond et puissant, doux et gracieux ; il idéalise la matière et élève la pensée, illumine le monde et ouvre les cieux. Il n'y a de génie complet que le génie chrétien, et l'on peut dire en ce sens ce que disait Tertullien : *Il n'y a de grand homme que le chrétien.*

Mais en outre que le but vers lequel l'artiste païen dirige tous ses efforts n'est digne ni de lui ni de son talent, par quels moyens honteux achète-t-il cette popularité, par quelles pratiques ameute-t-il autour de ses œuvres l'admiration bestiale de cette foule d'hommes qui aiment la chair vive et tressaillent au cri des passions ? N'est-ce pas en flattant les plus vils instincts de la nature corrompue, en élevant à la dignité d'œuvres d'art les plus tristes inspirations d'une intelligence asservie sous les sens ? Et ceux qui, trop délicats pour s'abandonner à ces débauches du talent, visent à un succès plus durable, respectent-ils les saintes lois de la pudeur, ont-ils quelque souci des convenances chrétiennes, et tout leur raffinement ne consiste-t-il pas à irriter adroitement les sens et à gazer à demi de honteuses nudités ? Non, tout n'est pas permis aux artistes ; et s'ils n'ont pas dans le cœur une pensée de foi, si leur génie ne s'est pas trempé dans le sang de la croix, comme ils ont bientôt avili leurs nobles facultés, comme ils cèdent facilement à l'attrait du succès, à l'appât d'une vaine renommée ! Quel est donc le résultat moral que vous avez obtenu sur votre siècle, artistes païens de tout rang et de tout génie ? Vos œuvres s'étalent sur nos places publiques et dans nos musées, dans nos monuments et jusque dans nos églises. Le peuple les voit et les admire. Vous l'enseignez depuis tantôt trois siècles, et pour lui c'est l'enseignement le plus irrésistible. Que lui avez-vous donc appris? quelle grande idée lui avez-vous révélée? quels nobles sentiments lui avez-vous inspirés?... Hélas! il semble que toutes vos œuvres n'aient qu'un but, et ce but honteux, c'est la *réhabilitation de la chair,* que d'odieux sectaires ont osé prôner dans un langage moins puissant et moins coupable que le vôtre.

Certes, à bien considérer tout ce qui a été fait depuis la renaissance païenne de l'art, de la science et de la littérature, pour détourner le peuple de l'Église, le détacher de la croix et le livrer, comme une proie plus facile, au despotisme des puissants et à l'exploitation des artistes, il n'y a pas à s'étonner que le mal soit si profond et si invétéré, et qu'il paraisse si incurable. Si Joseph de Maistre a dit que depuis trois siècles l'histoire est une conspiration contre la vérité, on peut bien dire que l'art est une conspiration contre la pudeur chrétienne ; et, une fois brisée, cette sainte retenue, qui enchaîne les passions, une fois chassée de son sanctuaire, cette blanche gardienne du foyer de l'âme et de la famille, les ignobles convoitises ont fait irruption pour ravager, dévorer et détruire. Quelle part dans cette œuvre diabolique peut-on attribuer à l'art païen de la renaissance? C'est ce qu'il serait difficile de préciser, tant le génie du mal sait prendre de formes, parler de langages et subir de transformations; mais toujours est-il que, si l'on mesure sa responsabilité à sa punition, le mal qu'il a fait à la décadence où il est tombé, à l'impudence qu'il affiche, (et l'on remarque que les vieux libertins gardent moins de retenue à mesure qu'ils s'enfoncent dans la tombe), cet art funeste a été l'un des plus puissants organes du sensualisme, l'un des instruments les plus actifs pour pervertir les intelligences et corrompre les cœurs.

— Le principe de l'art chrétien est tout autre : c'est la foi, substance des choses à espérer, comme l'a définie saint Paul; elle est pour l'artiste chrétien la substance des choses à réaliser; elle est la racine où le génie puise sa sève et sa puissance. L'artiste chrétien ne prétend pas à la gloire. Que lui importe ce vain son que répète l'écho des siècles passés, pourvu que des âmes chrétiennes croient par lui et prient pour lui? il ne recherche pas la faveur populaire : que lui fait cet engouement passager, injuste souvent, et capricieux toujours, pourvu que son nom soit inscrit au livre de vie et que les anges le répètent devant le trône de Dieu. L'artiste chrétien s'oublie, se dévoue, s'immole; et nulle œuvre n'est véritablement grande que celle qui prend racine dans un cœur humble et dévoué. La parole du divin Sauveur est vraie pour l'esprit comme pour le cœur, pour la pratique de l'art comme pour la pratique de la vie chrétienne : *à moins que le grain de froment tombant dans la terre ne meure, il demeure seul; mais s'il meurt il porte un fruit abondant* (1). Le génie chrétien, lui aussi, a besoin, pour se féconder, de s'abaisser par l'humilité, de se mortifier par la charité, pour se relever et s'épanouir en fruits merveilleux de sanctification.

L'art chrétien n'est donc pas un métier, c'est un ministère; il prêche, lui aussi, la parole de Dieu. — Il y a tant d'espèces de langues dans le monde, et rien n'est sans voix (2). L'art a sa langue, langue harmonieuse et puissante, langue plastique qui parle aux yeux et enchante l'imagination ; langue que tous entendent, parole que tous comprennent : par toute la terre ses sons ont retenti, et ils ont atteint les extrémités de l'univers (3). Les autres chantent le Christ avec les lèvres ; l'artiste chrétien le chante par ses œuvres. *Ore canunt alii Christum canit ars fabrili* (4).

Cette langue plastique, c'est surtout à l'usage du peuple que l'artiste chrétien l'articule dans ses œuvres. — *L'image*, dit quelque part saint Grégoire, *est le livre de celui qui ne sait pas lire;* et toujours, dans

---

(1) *Joan.*, XII-24-25.
(2) I *Cor.*, XIV-10.
(3) *Ps.* XVIII-3-4.
(4) Inscription sur un évangéliaire du XIIIe siècle.

l'Église, les petits et les ignorants ont été les préférés. L'Église est mère ; elle a une plus grande tendresse et une plus grande sollicitude pour les petits esprits et pour les faibles cœurs ; elle leur traduit la vérité en images, elle leur fait sucer la doctrine en lait d'amour. Or, l'artiste chrétien, qui a compris ces attentions maternelles de l'Église, qui s'est dévoué à son art comme à un sacerdoce, se fait le serviteur des ignorants et des pauvres ; il sait le moyen de toucher leur cœur et d'élever leur âme ; il s'abaisse avec eux pour les rehausser avec lui ; il sait leurs préférences et connaît leurs besoins ; il se fait leur frère ; il pénètre dans leur pauvre demeure, dans leur âme plus pauvre encore ; et pour les consoler, pour les fortifier, pour les sanctifier, il leur parle de Dieu leur père, de leur frère Jésus, de Marie leur mère, des saints dont ils savent les merveilleuses légendes, des anges dont ils ont entendu les chants autour du berceau de Jésus, dont ils ont entrevu les ailes autour du berceau de leurs enfants. Que lui importe que les délicats et les raffinés critiquent la pose raide de ses saints, les lignes peu correctes de leur corps ; qu'importe qu'ils blâment la sévérité de ses ogives ou la simplicité de ses mélodies?... Ce n'est pas pour eux qu'il travaille, qu'il prie, qu'il parle, qu'il chante ; c'est pour le peuple, pour la foule immense qui travaille, qui souffre, croit et espère ; c'est pour le peuple qu'il dresse ce catéchisme monumental que les générations viendront épeler chaque dimanche et chaque fête, comme les enfants de la Judée aux genoux de Jésus.

La gloire même, que recherchent exclusivement les artistes païens, vient souvent dès cette vie encourager et glorifier l'artiste chrétien. Qu'il ne s'y laisse pas prendre, qu'il ne se laisse pas étourdir par ces cris, enivrer par cette fumée sans trop prêter l'oreille aux applaudissements, qu'il rapporte à Dieu cette gloire, et que plus on l'exalte, plus il s'humilie, car l'orgueil perd souvent les plus beaux génies. Du reste, il est facile de distinguer l'admiration sincère, pieuse et convaincue, de l'admiration bruyante, outrée et mensongère; l'artiste chrétien a le don de répandre autour de lui l'atmosphère sereine de pureté et de sainteté où respire son cœur et se meut sa pensée; pour lui, l'enthousiasme trouvera des expressions inouïes et toujours dignes de lui, et l'on verra le peuple de Florence accourir en foule et plein de joie à la demeure de Cimabué, et transporter sa madone à l'Église au son des trompettes et avec des acclamations d'enthousiasme (1). Au reste, la gloire ne sera jamais pour lui un but, mais un moyen; ce ne sera pour lui, et il est assez fort pour se dévouer, assez chrétien pour faire abnégation de lui-même, ce ne sera qu'un mouvement pour rapprocher de la

---

(1) Rio. *De la poésie chrét., forme de l'art. Peinture*, ch. III.

vérité tous les cœurs émus, pour faire à Dieu un hommage de tous ces hommages, de tous ces applaudissements, un cantique de joie et d'amour.

Voilà ce qu'il faut comprendre ; voilà ce que les artistes chrétiens comprenaient parfaitement autrefois. Au XIIIe siècle, un synode d'Arras indiquait ainsi à la peinture son but sublime : « Ce que les ignorants ne peuvent voir par l'écriture, qu'ils le contemplent par les lignes de la peinture. » — « Nous autres peintres, disait Buffamalco, l'un des disciples de Giotto, dont les fresques admirables ornent le Campo-Santo de Pise, nous autres peintres, nous ne nous occupons d'autre chose que de faire des saints et des saintes sur les murs et sur les autels, afin que, par ce moyen, les hommes, au grand dépit des démons, soient plus portés à la vertu et à la piété (1).

Dès le XIIe siècle, Pierre-le-Vénérable, abbé de Cluny, indiquait à ses moines le but évangélique de l'art chrétien ; et, certes, plus belle et plus simple esthétique ne pouvait être formulée par une âme plus sainte et un plus beau génie. Ce qu'il adresse aux calligraphes, enlumineurs et miniaturistes de son abbaye, on peut l'adresser à tous les artistes chrétiens. « Si tu ne peux planter des arbres, arroser des récoltes, ou t'occuper d'autre travail des champs; au lieu de mettre la main à la charrue, prends une

---

(1) Rio. *De la poésie chrét., forme de l'art. Peinture*, ch. III.

plume ; au lieu de labourer des champs, grave sur des pages les lettres divines, et sème sur le papier la parole de Dieu ; quand la moisson sera mûre, je veux dire le livre achevé, que les fruits multipliés de la sainte nourriture nourrissent les lecteurs ; et que le pain céleste apaise la faim mortelle de l'âme. Ainsi, tu pourras devenir le prédicateur muet du Verbe divin ; et, sans que ta langue parle, ta main fera retentir de grandes voix aux oreilles des peuples nombreux. Tu demeureras renfermé dans ta cellule, et tu parcourras dans tes livres les terres et les mers. Dans les grandes assemblées de l'Église, tu annonceras le Verbe de Dieu, du haut des chaires chrétiennes, par la bouche du lecteur ; dans les cloîtres les plus éloignés, et jusque dans l'intérieur de chaque maison, c'est toi qui communiqueras la sainte parole aux silencieux serviteurs de Dieu. Ton vœu t'a fait moine, ton dévouement te fera évangéliste. Tout ce que la lecture de tes livres abaissera d'orgueil, vaincra de luxure, apaisera de colère, calmera d'avarice, amènera de repentir ou de conversion, sera autant de moissons célestes amassées par tes soins, et qui rempliront tes greniers de fruits éternels. Et, tandis que les ouvrages de l'homme ont coutume de finir avec sa vie et de périr avec lui, toi, en mourant, tu ne mourras pas ; en quittant la vie, tu ne cesseras point tes bonnes œuvres ; tu rappelleras au contraire les morts à la vie par tes travaux pieux ; et, autant que pourra durer après toi la vie de tes livres, pour ainsi parler, autant, après ta mort, s'étendra le mérite de tes œuvres (1). »

Cette sève de vie abondante et pure, qui fécondait les plus humbles branches de l'art au moyen-âge, avait sa source dans la foi. Par la foi, l'artiste s'élevait au-dessus du monde visible de la matière, et pénétrait dans le monde invisible de l'esprit ; il passait par les sens, par la nature sans s'y arrêter, et se plongeait, en ses mystiques extases, dans l'idéalisme le plus pur. Ce que l'œil de l'homme n'a pas vu, ce que l'oreille de l'homme n'a pas entendu, ce que le cœur de l'homme n'a pas compris, lui était révélé par la foi, cette puissance infinie qui peut transporter les montagnes et créer des types suaves de beauté immatérielle et paradisiaque. Mais, qu'on ne s'y trompe pas, ce n'était pas un effort d'imagination échauffée par un ascétisme sentimental, c'était une élévation de l'esprit, une claire vue des vérités, une pénétration vive des mystères. Il descendait du ciel, sur les génies humbles et chrétiens, une lumière éthérée qui se répandait dans leur âme, comme l'aube du matin se répand sur les montagnes, selon l'expression de nos livres saints. Croyance inébranlable, foi humble et forte, vertu divine et surnaturelle qui éclairait, élevait, inspirait l'esprit comme elle enflammait le cœur. Et, de cette sainte habitude de croire, de cette délicieuse familiarité avec les

(1) *Histoire de l'abbaye de Cluny*, par Lorain. *Introd.*

plus hauts mystères du monde surnaturel, l'artiste chrétien retirait une distinction spéciale, une élévation naturelle, une adorable suavité, un mysticisme profond, une expression ravissante. Il savait qu'il ne faut pas s'arrêter aux sens, mais passer légèrement à travers pour arriver à l'âme ; il savait que les sens, organes de péché, depuis la chute, doivent être contenus, réglés, mortifiés ; aussi enveloppait-il ses créations d'une sainte et pudique modestie ; il n'en éclairait que les sommets, gardant pour eux toute la grâce et tout le sentiment ; il savait que les nudités souillent les regards chrétiens et soulèvent dans notre nature corrompue des tempêtes impures, depuis le *dessillement* fatal qui suivit le premier péché : voilà pourquoi, hors la sainte nudité du Christ, blessé pour nos iniquités, et brisé pour nos crimes (1), et dont les divines blessures sont les sources de la grâce, ses figures sont chastement vêtues, ses statues pudiquement drapées ; il savait de quelle mission il était revêtu, il se préparait par la prière et par la contemplation des saints mystères, et, *prédicateur muet du Verbe divin*, selon la belle expression de Pierre-le-Vénérable, il charmait l'imagination, touchait le cœur, élevait l'âme, enseignait les ignorants, étonnait les savants, étalait pour le pauvre ses splendeurs et ses fêtes, faisait penser à

---

(1) *Is.* LIII.

Dieu, rêver du ciel, prier avec larmes, par la réalisation pieuse de ses types sublimes.

Artistes chrétiens de nos jours, c'est à cette source divine que vous devez puiser, boire à longs traits, vous enivrer; cette ivresse seule vous préservera de l'ivresse des sens et de la gloire; cette eau mystique de la foi, que Jésus donne à boire, devient en notre âme, deviendra pour votre génie une source jaillissante pour la vie éternelle (1). On vous a dit : étudiez, copiez, imitez, inspirez-vous des œuvres d'art de nos pères; mais ce n'est là que l'extérieur, la pratique technique de l'art; il vous faut un principe, et le principe, ce n'est pas dans l'étude, dans l'imitation que vous le trouverez : vous le trouverez au pied de la croix, dans la foi humble et forte du chrétien. Oh! sans doute, revenez vous agenouiller à l'ombre de nos admirables cathédrales, laissez-vous prendre d'admiration devant leurs belles lignes architecturales, devant leurs fresques sublimes, leurs verrières splendides, et leur peuple de statues ; sans doute, il y a là une étude pour la science, de la profondeur pour la pensée, du mysticisme pour l'imagination; mais si vous ne faisiez qu'étudier et admirer, vous n'auriez que la moitié de l'art : croyez, méditez, aimez, priez, comme croyaient, méditaient, aimaient, priaient ces générations d'artistes inconnus et sublimes qui se sont

---

(1) *Joan.* iv-14.

dérobés à la gloire mondaine, pour se dévouer au salut de leurs frères et à la gloire de Dieu, et vous bâtirez comme eux des cathédrales profondes de prière et de poésie, vous taillerez comme eux de chastes et belles statues, vous peindrez d'ineffables madones, vous composerez de suaves mélodies; et vous consacrerez à Dieu, et à Notre-Dame et à nos saints, votre talent, votre vie, toutes les puissances de votre esprit et de votre cœur; et, sans rechercher les applaudissements des hommes, vous vous consumerez à votre œuvre, sous l'œil de Dieu, qui comptera vos fatigues, recueillera les sueurs de votre front et de votre pensée, et il vous bénira, et votre œuvre, parfumée de la bonne odeur du Christ, embaumera l'âme chrétienne, qui rendra grâce à Dieu et priera pour vous.

Oh! sans doute, de nos jours on ne comprend guère ce langage; on travaille pour la gloire et pour l'argent, pour se faire admirer et s'admirer soi-même, pour se procurer les jouissances du luxe et les applaudissements de la foule; triste métier, que cet art mercenaire! Art sans inspiration et sans moralité, art sans principe et sans retenue, art païen qui éteint l'esprit sous la chair, la vie sous la forme; art qui pervertit les intelligences et qui tue les âmes. Mais tous ceux, et le nombre en est grand, et grâce à Dieu, il s'augmente chaque jour, tous ceux qui se sentent plus grands que ces misérables jouissances, plus nobles que cette triste célébrité, tous ceux qui se savent comptables devant Dieu et devant les hommes du talent qui leur a été confié ; ceux-là, artistes de l'avenir qui s'inspire du passé, comprennent qu'ils doivent s'élever à ce noble but de l'art, et fonder leur génie sur le principe de la foi ; ils comprennent qu'il faut rompre avec les pratiques honteuses d'un art corrupteur et corrompu, et que pour enseigner à notre société dévoyée, la voie, la vérité et la vie, il faut la ramener vers la croix.

Les artistes chrétiens ne sauraient trop y réfléchir, et se résoudre trop tôt à se séparer hautement de l'école païenne, qui encombre de ses produits malsains jusqu'à nos églises ; ils doivent comprendre qu'une grave responsabilité pèse sur eux, qu'en leurs mains repose l'avenir de l'art chrétien ; ils sont les ouvriers les plus puissants et les plus actifs de cette restauration catholique qui doit sauver les âmes près de se matérialiser, et les sociétés près de se dissoudre ; ils ne doivent pas se contenter d'imiter nos ancêtres et de copier leurs œuvres, ils doivent créer à leur tour ; ils doivent montrer aux sectateurs de l'art païen que le principe fécond, qui animait l'art au moyen-âge, vit encore en leur cœur, et peut produire des merveilles. A ces incrédules qui doutent de la puissance de la foi, à ces matérialistes qui nient la vie de l'esprit, à ces voluptueux qui caressent tous les mauvais instincts de la nature corrompue ; répondez par la fécondité de vos œuvres, par le mysticisme de votre pensée, par la suave modestie de vos formes; levez-vous et marchez...

Et, à ce sujet, une dernière réflexion : l'art moderne a inventé les *expositions;* au temps marqué, dans un lieu choisi et préparé, les artistes vivants étalent leurs chefs-d'œuvre à l'admiration du public; attirant l'attention par les plus extravagantes hardiesses, sollicitant les applaudissements par les plus impures lubricités. Qu'iraient faire nos artistes chrétiens dans ces expositions du Louvre, où toutes ces œuvres, sans foi ni pudeur, étalent des nudités passibles de la police correctionnelle, grimacent la passion et suent la luxure? Comment une blanche Vierge au front pudique, au regard baissé, au maintien modeste, ira-t-elle affronter ces bacchantes et ces courtisanes qui attirent la foule!... Sortez de cette Babylone impure, artistes chrétiens; emportez vos madones et vos saintes familles, vos saints et vos anges, et venez les exposer à des regards chrétiens. Choisissez un local convenable et solitaire, à l'écart de la foule, où le jeune homme chaste, la jeune fille modeste, puissent venir sans crainte admirer vos œuvres, où les hommes de science et d'étude puissent venir comparer vos œuvres aux œuvres de vos pères, louer, critiquer, encourager; où nos évêques et nos prêtres puissent choisir des œuvres décentes et chrétiennes pour remplacer les œuvres indécentes et païennes qui insultent à la majesté du lieu saint. Séparez-vous hautement et irrévocablement de cet art aux inspirations matérialistes, aux productions voluptueuses; de cet art sans avenir et sans pudeur, qui tombera, il le faut bien, sous la réprobation des âmes honnêtes et des sociétés chrétiennes.

L'art chrétien moderne est maintenant assez fort pour vivre de sa vie, pour voler de ses ailes, pour avoir ses écoles et ses expositions. Ce que l'on a fait pour l'architecture, il faut le faire pour la sculpture, pour la peinture, pour tous les arts de la couleur et de la forme, mettre pieusement et fortement la main à l'œuvre; il faut revenir au pur moyen-âge, revenir à la foi et aux inspirations de Fra Angélico et du Pérugin, de Jean de Bruges et de Hemmeling, aux statues de Chartres, aux mélodies de saint Thomas et aux poésies de saint Bonaventure; il faut, embrassant avec amour ces saintes et paternelles traditions, les emporter loin d'un siècle matérialiste et blasé, les méditer dans le silence et la solitude, où se forment les grands génies et les fortes âmes; et surtout, pour féconder, purifier, élever sa pensée, pour découvrir dans les profondeurs mystérieuses du monde surnaturel, des types d'une ineffable suavité, demander à Dieu le don de sa foi pour *principe*, le don de sa piété pour *inspiration*.

CHAPITRE VI.
De la piété, inspiration de l'art chrétien.

Super ipsum efflorebit sanctificatio.
(*Psalm.* CXXXI-18.)

Croire n'est que la moitié du génie chrétien ; aimer en est le complément ; et si la foi en est la racine, le principe, la piété en sera la fleur, le parfum. Si l'on étudie attentivement, plus encore par sympathie que par curiosité, la vie des artistes chrétiens d'autrefois ; si l'on pénètre dans leur intimité et si l'on saisit l'effusion de leur pensée, on verra bien et l'on comprendra que ce sont, avant tout, des génies tendres, pieux, aimants. Ils sont de la terre et en même temps du ciel ; ils ont souffert ; leur cœur a été arrosé des larmes et des prières de leur mère ; le gémissement de la créature blessée par le péché a son écho dans leur âme ; mais aussi ils croient, ils espèrent au monde invisible, ils lèvent leur regard vers le ciel qui s'entr'ouvre en leurs contemplations, pour les consoler de ses grâces et les ravir de ses splendeurs. Et c'est ce double sentiment, qu'on peut bien appeler la piété, qui les rend si profonds et si doux, si élevés et si aimables ; on sent bien que leur piété inspire leur génie, et que leur cœur naïf et bon est passé dans leurs œuvres et répond à notre cœur.

Le sentiment pieux est un sentiment puissant qui

imprime sa direction à toutes les pensées, à toutes les aspirations de l'homme; il marque de son cachet toutes les facultés. Non-seulement il exerce sa puissance sur la vie intime et mystérieuse de l'âme, mais il se traduit à l'extérieur, revêt le corps d'une auguste dignité, illumine le front, allume le regard, épanouit les lèvres, sourit dans tous les traits du visage et le revêt d'une exaltation douce et tendre; en un mot, il met son empreinte irrésistible sur cette forme de l'âme. Pour l'artiste, c'est plus qu'une étude à faire, c'est une sainte habitude à prendre, c'est toute une vie à vivre, tout un monde à habiter; c'est comme une atmosphère saturée d'amour et de prière, dans laquelle doit s'épanouir son génie. La piété n'est pas un de ces sentiments plus ou moins sympathiques auxquels on peut suppléer plus ou moins par l'imagination; non, c'est comme la respiration de l'âme chrétienne; et jamais, si l'artiste n'a vécu de cette vie, aimé de cet amour, souffert de cette souffrance intime et délectable qui presse le cœur dans les angoisses de cette prison de chair; s'il ne s'est plongé dans cette *extase amoureusement douloureuse et douloureusement amoureuse,* comme dit saint François de Sales (1); si l'artiste n'est resté long-temps dans ce milieu divin de la piété; si son génie ne s'en est nourri jusqu'à la moëlle, ses œuvres n'arriveront jamais à l'idéal des

---

(1) *Traité de l'amour de Dieu,* v-5.

types mystiques et chrétiens. C'est ici le cas d'appliquer cette parole de saint Bernard : *Lingua amoris ei qui non amat, barbara est ac peregrina.* La langue de l'amour, pour celui qui n'aime pas, est une langue barbare et étrangère.

Mais pour sortir du vague et pour préciser la question, posons en cette matière quelques principes qui régissent le monde des âmes et qui sont en même temps la vie la plus subtile et la plus pure de l'art. Dès le commencement, Dieu établit une complète et mystérieuse harmonie dans le monde des créatures et dans le monde plus restreint, mais non moins important de la création humaine. Des deux éléments dont l'homme se compose, afin que soit maintenue l'harmonie préétablie par Dieu, il est nécessaire que l'âme règne sur le corps, que l'esprit régisse la matière. Or, cette harmonie divine ayant été brisée par le péché, le christianisme la rétablit par la pénitence et par la mortification vivifiées par la grâce. La pénitence purifie, la mortification fait rentrer la chair rebelle sous la domination de l'âme, et la grâce rétablit les liens primitifs qui reliaient en une si belle unité la créature humaine. Afin de mieux exprimer cette action réparatrice de la grâce, les saints pères, saint Clément d'Alexandrie entre autres, comparaient la créature humaine à une lyre dont le péché aurait brisé les cordes; la pénitence et la mortification renouent les cordes rompues, et l'esprit saint, par le saint attouchement de la grâce, en tire des sons harmonieux, à la gloire de Dieu et à l'édification de l'Église. Cette théorie de la pénitence, théorie pleine de vérité autant que de poésie, il faut la comprendre pour comprendre avec elle d'où les artistes d'autrefois tiraient leurs conceptions les plus pures et les plus profondes, pour comprendre en même temps les mortifications extraordinaires des saints, les pratiques si minutieuses des institutions monastiques, les stygmates de douleur et d'amour qui marquent la chair des saints pendant le moyen-âge, la chair de saint François d'Assises et de sainte Catherine de Sienne.

C'est à ce point de vue qu'il faut se placer pour comprendre l'action de la vie contemplative du chrétien sur la vie intime de l'art, pour comprendre pourquoi de si beaux génies se formaient autrefois dans les cloîtres. Le cloître est, à proprement parler, l'école de l'art chrétien. C'est là, dans le silence où l'on entend le doux murmure des communications célestes, dans la solitude où fleurissent les âmes pures et aimantes, dans la prière qui sans cesse monte et descend l'échelle d'or du patriarche, dans la mortification qui châtie la chair et élève l'esprit sur les ailes de l'extase, dans la psalmodie dont le chant, ineffablement doux dans sa monotonie, berce les visions anticipées de la céleste patrie; c'est là que se sont formés ces puissants artistes qui n'ont laissé de traces sur la terre que les chefs-d'œuvre de leur génie et les parfums de leurs vertus; c'est là que se sont perpétuées ces traditions chrétiennes qui ont fait la force de l'art; traditions pieuses que le moine artiste respirait dans sa cellule et contemplait dans les œuvres de ses devanciers. On est étonné de voir ces générations monastiques se succéder avec la même fécondité dans leurs œuvres, la même pureté dans la forme, la même intensité dans l'expression. Leurs procédés se transmettent avec les formules de leurs prières et la forme de leurs habits, leurs types sont les mêmes, ou plutôt ils se ressemblent sans se copier, et l'on sent bien qu'une vie spéciale anime chacun d'eux: ils sont de la même famille, frères par le génie et la sainteté.

Si les traditions de l'art se conservaient si fécondes et si pures dans le cloître, cela tenait à ce que ces artistes sauvegardaient leur génie par l'humilité, divine gardienne de tous les dons de Dieu, vivaient de la même vie, priaient avec les mêmes prières, l'esprit occupé des mêmes pensées, le cœur du même amour. Chacun, avec son originalité d'action, avec sa puissance d'expression, ils travaillaient pour le même but, se dirigeant tous vers le ciel et par la même voie, selon la force de leurs ailes et l'élan de leur génie. Voilà d'où viennent les écoles d'autrefois, ces écoles d'architecture et de sculpture qui ont couvert la France de monuments inimitables et conservé dans l'art l'unité la plus forte, jointe à la variété la plus féconde; de là ces écoles de peinture dans l'Italie plus passionnée pour la couleur et pour la forme que pour le nombre et pour la ligne, préférant le mysticisme plus sensible de la peinture au mysticisme de l'architecture, plus profond et plus élevé.

En notre siècle, dans la restauration de la pensée chrétienne sous toutes ses formes et toutes ses expressions, restauration sociale à laquelle tous les hommes de foi doivent consacrer leur vie et leur talent, les ordres religieux sont appelés à rendre de grands services à l'art chrétien. On disait, il n'y a pas encore long-temps, que l'art du moyen-âge était un art libre, essentiellement capricieux et fantastique, sans lois ni règles, sans écoles ni traditions : or, c'est précisément tout le contraire qui est démontré. L'art, au moyen-âge, comme toutes les expressions de la pensée chrétienne, était essentiellement régulier et traditionnel; il avait ses lois, ses principes, ses écoles, son enseignement; il avait sa *discipline*; il était trop chrétien pour ne pas savoir que l'*obéissance* est une vertu féconde, source de puissance et de grâce; il savait trop quelles merveilles peut produire l'association chrétienne. Aussi, avec le principe de la foi, avec la forte discipline de la loi, il sut se contenir dans une unité plus étonnante et plus merveilleuse à mesure qu'on l'étudie davantage et qu'on la comprend mieux. L'art chrétien a donc besoin, pour vivre et se perpétuer, de l'enseignement traditionnel; c'est le principe même de la foi, le principe catholique. Or, où trouver une école plus pure et plus capable de transmettre cet enseignement, de garder ces traditions, que l'école du cloître? Seule, elle renferme toutes les conditions de durée, de perpétuité et de transmission qui peuvent faire une école grande et forte; toutes les conditions de foi et de prière, de méditation et de piété, qui peuvent la maintenir pure et chrétienne.

Si donc nous voulons organiser fortement l'enseignement de l'art chrétien, il faut appeler à notre secours les ordres religieux; ils peuvent beaucoup pour renouer la chaîne rompue des traditions mystiques, pour perpétuer les types divins qui marquent d'un caractère exclusif les œuvres du moyen-âge, pour transmettre ces inspirations pieuses qui sanctifient le génie chrétien. Le *laïcisme*, qu'on a voulu en ces derniers temps élever à la dignité de principe, dans la politique et dans l'enseignement, ne vaut rien dans le domaine de l'art; c'est le principe de l'individualisme, le principe de l'indépendance, du caprice et de la fantaisie dans l'exercice de la pensée, le principe protestant de la renaissance et de la réforme, ces deux sœurs jumelles du paganisme. A ce principe funeste qui divise, qui éparpille toutes les forces de la pensée et de la société, il faut opposer le principe contraire de l'union et de l'harmonie, sous la discipline de la foi, le principe monastique de l'enseignement traditionnel, de la transmission hiératique de l'art régénéré aux sources de la piété chrétienne. Nous réviendrons tout à l'heure plus en détail sur ces considérations.

Mais, en attendant que les ordres religieux reprennent leur place parmi nous, et avant que les monastères redeviennent des écoles d'art chrétien comme autrefois, il faut que l'artiste qui se sent au cœur l'amour de cet art régénéré, pratique les vertus du christianisme, s'il veut pleinement pratiquer l'art pieux. Il y a une connexion étroite entre les habitudes de l'âme, les préoccupations de la pensée, les affections du cœur, et la pratique de l'art, l'exercice du talent, les créations du génie. Il ne se peut qu'une intelligence asservie par les sens, un cœur desséché par le doute ou plongé dans la chair, puissent s'élever aux sublimes conceptions du monde surnaturel. Prenez le plus beau génie, Raphaël par exemple, nourri des pures traditions de l'école du Pérugin, exposez son cœur aux attraits des passions; son génie suivra cette pente fatale, et il tombera de la hauteur angélique du *sposalizio* et de *la dispute du Saint-Sacrement*, dans le naturalisme de *la transfiguration*; plus bas encore, dans les honteuses nudités des *fresques de psyché*. Une fois rompu ce divin équilibre que le christianisme établit en nous et qu'entretient la piété, tout se hâte vers la décadence et la ruine. Le corps, source de corruption, apesantit l'âme (1), fait déchoir le génie, brise ses ailes, éteint son inspira-

---

(1) *Sap*. ix.-15.

tion, et l'artiste devient semblable à Samson, qui perdit sa force sur les genoux de Dalila, et devint le jouet des Philistins, qui l'attachèrent à une meule infâme après lui avoir arraché les yeux (1). Ce ne sera que par un effort désespéré qu'il brisera ses liens honteux et reprendra son vol vers le ciel.

Car enfin la beauté, ce n'est pas, comme l'a dit le paganisme, ou du moins comme il l'a pratiqué, *la perfection de la forme*, c'est *le rayonnement de la sainteté* : il y a une différence essentielle, radicale, entre la beauté chrétienne et la beauté païenne, et cette différence se tire surtout du principe religieux qui fournit à l'esthétique sa base la plus large et la plus philosophique. La beauté païenne, qui ne voit rien, ne suppose rien au-delà du monde visible, arrête les regards, concentre sur elle l'admiration, et devient en définitive l'apothéose de la matière travaillée par le génie; la beauté chrétienne, au contraire, n'est qu'un voile transparent qui laisse passer le regard pour pénétrer dans le monde surnaturel, et qui laisse rayonner la lumière de l'esprit qui l'éclaire au-dedans : elle ne tend qu'à démontrer le monde invisible vers lequel elle s'élève, et n'est ainsi, en empruntant une parole de saint Paul, *qu'un argument harmonieux des choses qui ne paraissent pas à nos regards* (2). Voilà pourquoi les artistes chrétiens d'au-

(1) *Jud.* xvi.
(2) *Heb.* xi.-1.

trefois concentraient toute l'expression de leurs figures ou de leurs statues dans la tête, qui, dans l'être humain, porte plus spécialement l'*empreinte de la lumière du visage de Dieu* (1). Dans leurs édifices, ils distinguaient les nuances du style ogival par les ouvertures, les *jours*, la partie la plus immatérielle de l'architecture, et qui met l'édifice en communication avec la lumière du ciel. C'est en suivant cette idée que nos artistes pieux d'autrefois prenaient de préférence leurs sujets dans le domaine le plus idéal du dogme chrétien, se bornant à un petit nombre de types avec lesquels ils parcouraient toute l'échelle ascendante de l'expression dans le sentiment chrétien. Ils dédaignaient les sujets trop *humains* de l'ancien Testament, ouvraient volontiers le ciel au-dessus de leurs madones, soulevaient rarement un coin du voile de la nature, et n'admettaient guère le paysage dans le fond de leurs tableaux que pour indiquer un site vénéré ou les horizons de leur pays natal.

Dès-lors, on doit comprendre avec qu'elle pureté ces artistes traitaient le corps humain; ils avaient horreur des moindres nudités, ils respectaient le temple de l'Esprit-Saint, et ne croyaient pas qu'il leur fût permis de le dépouiller de sa dignité en le dépouillant de ces vêtements dont la main de Dieu le revêtit aux portes du Paradis; et puis, ils ne

(1) *Psalm.* IV.

voulaient pas troubler les sens et enivrer l'imagination en étalant aux yeux le charme de la beauté sensuelle. « Alors, on cherchait exclusivement à rendre la beauté *spirituelle*, la seule dont la vue élève au-dessus des sens. Or, cette beauté se réfléchit uniquement dans les yeux et dans les traits du visage ; de là l'incomparable pureté des figures et le type vraiment divin qui distinguent les ouvrages des grands maîtres antérieurs à la renaissance. On voit que cette partie absorbait leurs soins et leur talent. Tout le reste, regardé comme accessoires, est traité avec une certaine négligence devenue le sujet éternel de reproches poussés jusqu'à l'injustice (1). » Ainsi, le frère Angélique dérobe ordinairement les pieds de ses personnages sous les plis de leurs robes flottantes ; leur visage seul se découvre et rayonne ; ils semblent ne pas toucher à la terre et vouloir s'éloigner vers le monde supérieur où le génie de l'artiste puisait ses inspirations.

Un mot de nos livres saints résume admirablement l'idéal de la beauté chrétienne. *O quam pulchra est casta generatio cum claritate* (2). La beauté dans la chasteté, la chasteté dans la beauté, le rayonnement d'une âme pure à travers un corps pur, le parfum de vertu qui s'exhale d'une chair mortifiée,

---

(1) L'abbé Gaume. *Le ver rongeur des sociétés modernes dans l'Éducat.*, c. xiii.
(2) *Sap.* iv.

la lumière divine qui couronne dès ici-bas un front prédestiné : voilà les éléments de la beauté chrétienne, et c'est en les coordonnant, en les combinant, en les développant, en leur donnant le degré d'intensité convenable, en les modifiant selon la vertu prédominante ou le sentiment principal dans la figure ou le sujet, que nos artistes chrétiens arrivaient jusqu'à l'idéal de la beauté immatérielle. Mais cette théorie mystique ne tombe pas sous les sens, ne s'apprend pas par l'étude, ne se rêve pas par l'imagination ; elle se révèle par la prière, elle s'infuse pour ainsi dire avec la piété ; il faut que l'artiste vive par le sentiment et par la pensée dans le monde surnaturel, s'il veut nous peindre le reflet de sa beauté et nous faire entendre l'écho de ses cantiques.

Au premier regard, comme le fait très bien remarquer M. Rio, il semble qu'une grande monotonie doit régner dans les produits de l'art chrétien, aux types consacrés, aux sujets assez restreints et peu nombreux ; mais si l'on veut réfléchir qu'il n'est pas un sentiment du cœur qui n'ait son expression particulière, pas une vertu de l'âme qui n'ait sa forme matérielle et plastique, on verra quel immense horizon s'ouvre devant le génie chrétien et pieux. Le corps humain se modèle sur l'âme, le sentiment s'exprime par un organe matériel ; les habitudes de la prière donnent à l'extérieur un air grave et serein, les pratiques de la mortification amoindrissent la matière, la purifient et la rendent pour ainsi dire diaphane à la lumière de l'esprit; les saintes ardeurs de la charité incendient et dévorent le vase trop étroit qui contient l'âme aspirant à l'union divine, tendent sans cesse à le soulever vers le ciel et à le dissoudre par un suprême effort; la pureté imprime son cachet virginal sur le corps humain, qui fleurit alors comme un lis avec tous ses parfums : c'est l'expression même de nos livres saints. Enfin, il n'est pas de pensée, pas de prière, pas d'élan de l'esprit, pas d'aspiration du cœur vers Dieu qui n'ait son expression distincte comme dans le ciel sa récompense éternelle. Or, pour rendre toute cette poésie intime, pour saisir toutes ces nuances, pour idéaliser toutes ces formes, il faut avoir vécu de la vie surnaturelle, il faut que l'artiste s'identifie avec son sujet. Comme le dit Vasari de frère Angélique, pour réussir dans la représentation des sujets religieux et saints, il faut que l'artiste soit religieux et saint lui-même (1).

Au reste, la piété est le seul moyen de préserver l'artiste des attraits du naturalisme; c'est le seul moyen de purifier et de vivifier son génie. L'artiste est organisé pour sentir, pour admirer, pour aimer le beau; le beau a pour lui un attrait puissant, irrésistible : et, s'il veut se préserver des dangers de la *beauté sensuelle*, il doit rechercher, comprendre, ai-

---

(1) Rio. *De la poésie chrét.*, etc., c. VI.

mer par dessus toute autre forme de l'idéal, la *beauté mystique*, la forme pure de l'idéal chrétien. Il y a aussi dans l'artiste une poésie abondante et vive, qui doit se répandre au dehors et revêtir des formules pleines de vie et de vérité; mais si cette poésie ne se répand dans le sanctuaire, ne se formule en actes de foi, d'espérance et d'amour, elle se répandra en futilité ou se corrompra en œuvres dangereuses. L'artiste sent avec vivacité : chez lui, tout est sentiment et expression; il est comme un instrument harmonieux et délicat qui rend le son de la pensée : et le moyen de lui conserver sa justesse et sa sonorité, c'est de le consacrer à chanter les louanges de Dieu, et non de le livrer aux touches violentes des passions. D'ailleurs, il faut s'y résoudre, l'artiste ne peut être digne sans être chrétien, chrétien sans être pieux; la dignité de sa mission l'oblige à consacrer son talent pour louer Dieu et sanctifier ses frères, « car toutes les œuvres de l'homme racheté par Dieu doivent concourir à la gloire de son Sauveur et au salut de son âme (1). » Et s'il veut rester chrétien, avec sa surabondance de vie et d'imagination, avec les aspirations infinies de sa nature enthousiaste, il ne le peut qu'en se plongeant tout entier, avec les forces vives de son esprit et de son cœur, dans la foi des vérités, dans l'amour et la pratique des vertus chrétiennes; il ne deviendra

---

(1) MONTALEMBERT. *Du vandalisme, etc.*

complet qu'en pénétrant dans le monde surnaturel des mystères et des sacrements; il ne restera pur qu'en vivifiant par la piété son besoin de croire, d'admirer et d'aimer.

Enfin, une considération capitale dans cette question, c'est que l'artiste chrétien, s'adressant à des âmes chrétiennes, ne répondra jamais au sentiment vif et profond qui veut dans les œuvres d'art religieux une expression digne des grandes vérités de la foi, en même temps qu'une formule adéquate de son ardeur et de son énergie, et comme une prière toute faite qu'il ne fera que répéter, si l'artiste n'est lui-même profondément pieux : il devra même, ne pouvant atteindre la perfection absolue, négliger quelques détails secondaires de ses œuvres, donner moins de soins à la correction du dessin et à l'harmonie des lignes, pour concentrer toute sa puissance dans l'expression religieuse : cette expression du sentiment chrétien, qui correspond à ce qu'il y a de plus délicat et de plus élevé, l'on peut bien dire à ce qu'il y a de plus divin dans le cœur de l'homme, sera sa principale étude et sa préoccupation constante. C'est par là qu'il arrivera au dernier degré de puissance dans le mysticisme chrétien, par là que ses œuvres produiront des fruits salutaires, éveilleront dans les âmes le sentiment des choses de la foi, aviveront la dévotion et mériteront cette popularité pour ainsi-dire instinctive qui va d'elle-même aux œuvres saintes. Devant ces œuvres viendront se répandre d'abondantes prières et de douces larmes qui béniront l'artiste en même temps que ses œuvres ; et l'imagination populaire les environnera bientôt d'une auréole de poésie, seule couronne digne du front d'un artiste chrétien, avant la couronne éternelle.

Ainsi, saint Bernardin de Sienne allait tous les jours hors de la porte Camolli, sur la route qui conduit à Florence, et là, il passait de longues heures en prière, devant une madone qu'il préférait à tous les chefs-d'œuvre exposés dans les églises, et dont il aimait à s'entretenir ensuite avec sa cousine Tobie, qui était la confidente de son pieux enthousiasme. Ainsi, la bienheureuse Umiliana nourrissait sa dévotion particulière pour la sainte Vierge par la vue d'une image qui aidait aux sublimes élans de son cœur, et devant laquelle elle entretenait une lampe qui ne s'éteignait jamais sans qu'elle fût rallumée, soit par un ange, soit par une colombe qui portait dans son bec une rose resplendissante comme le soleil (1).

Mais l'artiste croira peut-être suppléer à la piété par l'imagination ; l'imagination elle-même sera rebelle à ses efforts s'il ne l'a pas habituée aux saintes pensées et s'il ne l'a pas trempée dans les eaux de la grâce. Ce n'est pas trop pour un artiste de rassembler et d'unir toutes ses facultés, de ramasser

---

(1) Rio. *De la poésie chrét., etc.,* c. VI.

toutes ses forces pour produire une œuvre digne de sa haute mission religieuse et sociale ; mais s'il n'a pas courbé son esprit sous le joug lumineux de la foi, s'il n'a pas agenouillé son cœur aux pieds de Jésus et de Marie, s'il n'a pas plongé sa pensée, enivré son génie dans la contemplation des mystères du monde invisible, il ne produira qu'un pastiche des œuvres inspirées des artistes chrétiens d'autrefois, lorsqu'il ne produira pas une œuvre monstrueuse qui n'aura de chrétien que le nom, une profanation de nos types les plus chers et les plus vénérés.

Il faut bien s'y résoudre, et on le comprend d'ailleurs, nous avons besoin de reprendre par la base, non-seulement notre éducation artistique et littéraire, mais notre éducation religieuse et chrétienne ; le mal est ailleurs que dans les systèmes et dans les écoles, ailleurs que dans les inspirations et les traditions, ailleurs que dans les imitations et les études, il est à l'esprit et au cœur, au cœur surtout. Nous ne croyons plus, nous ne prions plus, nous n'aimons plus. Nous ne croyons plus : comment entrer dans le monde surnaturel ? Il restera fermé sur nous comme l'Eden défendu par un chérubin armé de flammes. Nous ne prions plus : quel est donc l'artiste qui ira s'agenouiller dans le silence plein de paix et d'inspiration du sanctuaire, qui méditera les grandes vérités de la foi, qui nourrira son esprit de l'étude des livres sacrés, de la lecture de la vie des saints ? Nous n'aimons plus : où sont les pénitences et les mortifications d'autrefois, ou ces effusions de tendresse et de larmes, cette humilité et cette abnégation plus grandes dans les plus grands génies, ou cette simplicité naïve, et cette adorable candeur, et surtout cette inaltérable pureté du cœur, seule capable de réfléchir les rayons divins de l'éternelle beauté?.... Et cependant, la prière et l'amour sont comme les deux ailes du génie chrétien, qui le soulèvent de terre et le transportent dans les cieux ; et là, « il vous contemple face à face, très doux Seigneur ; associé aux chœurs qui chantent des hymnes, il vous chante, ô roi Christ, bon Jésus, les chants mellifues d'une allégresse éternelle ; il entrevoit le charme de la beauté éternelle, la perfection de toute splendeur, la dignité de toute grâce. Oh ! quels cantiques ! quels instruments harmonieux ! quelles cantilènes, quelles mélodies se chantent là sans fin ! Là retentissent toujours les accents mellifues des hymnes, les très suaves mélodies des anges, les cantiques des cantiques admirables qui sont chantés en votre honneur et votre gloire par les citoyens de la céleste patrie (1). »

C'est aussi un grand artiste que saint Augustin, et le vol de son beau génie indique aux artistes chrétiens la source de cette beauté toujours ancienne et toujours nouvelle, qui doit réfléchir quelques-uns

---

(1) Saint August. *Manuale.*, c. vi-1-2.

de ses rayons dans leurs œuvres inspirées. Sans doute, c'est là du *mysticisme;* cela ne se démontre pas, ne s'enseigne pas, cela se sent et se devine par le sens intime de la piété, qui sera dans une âme chrétienne comme une sensibilité exquise et délicate, comme une tendresse pieuse pour tout ce qui se rapporte à l'ordre surnaturel de la vérité et de la beauté. Oui, cela est du mysticisme : mais qui donc mieux que l'artiste mérite de vivre de cette vie idéale, et l'on peut bien dire surnaturelle ? L'idée n'est-elle pas la vie même de l'art, et l'idéalisme chrétien, qu'est-ce autre chose que le mysticisme ? Vaste et beau domaine, monde sublime qui touche aux confins du paradis, et tout peuplé de types ineffables qui se révèlent au cœur pur et au génie pieux.

C'est dans le monde supérieur que nos grands artistes français ont trouvé le type incomparable de leurs cathédrales, c'est là que trouvait ses inspirations la vieille école flamande, si pieuse, si naïve et si profonde, l'école de Van Eyck et de Hemmeling, qui se reproduit de nos jours dans la jeune école pleine de vie d'Owerbeck, de Müller et de Steinle ; c'est là qu'ont vécu, prié, aimé, composé leurs chefs-d'œuvre, tant d'artistes éminents des écoles si nombreuses, si fécondes et si pieuses de l'Italie au moyen-âge : Giotto et André Orcagna, Fra Angélico, l'ange de la peinture, et Benozzo Gozzoli, son disciple préféré dans l'école de Florence avant l'invasion du paganisme classique ; le Pérugin, Pinturricchio, Raphaël avant son apostasie, cette trinité d'artistes admirables dans la pieuse école ombrienne; Lippo Dalmasio et Francesco Francia, ce fécond et suave artiste dans l'école de Bologne; Lorenzo Costa, Mazzolino, Benvenuto Garofalo dans l'école de Ferrare; Léonard de Vinci, Ambrogio de Fossano et Bernardino Luini dans l'école lombarde; les Vivarini, les Bellini, Cima de Conegliano et Carpaccio dans la puissante école de Venise (1).

Puisque nous rencontrons ici ces beaux noms que la science remet en lumière, et que d'ailleurs nous ne savons aucun détail de la vie de nos artistes français du moyen-âge, qui ont pris autant de soin de se dérober à l'admiration de la postérité que les artistes modernes en prennent pour assurer d'avance leur renommée, voyons, par quelques circonstances de leur vie, comment ces artistes éminents alliaient la piété avec la pratique de l'art chrétien. — « La componction du cœur, ses élans vers Dieu, le ravissement extatique, l'avant-goût de la béatitude céleste, tout cet ordre d'émotions profondes et exaltées que nul artiste ne peut rendre sans les avoir préalablement éprouvées, furent comme le cercle mystérieux que le génie de *frère Angélique* se plut à

---

(1) Voir Rio. *De la poésie*, etc. Passim. — Montal., Vandal., etc. *Tableau chron. des écoles cath. de peinture en Italie.*

parcourir, et qu'il recommençait avec le même amour quand il l'avait achevé. Dans ce genre, il semble avoir épuisé toutes les combinaisons et toutes les nuances, au moins relativement à la qualité et à la quantité de l'expression, et, pour peu qu'on examine de près certains tableaux où semble régner une fatigante monotonie, on y découvre une variété prodigieuse qui embrasse tous les degrés de poésie que peut exprimer la physionomie humaine. C'est surtout dans le couronnement de la Vierge, au milieu des anges et de la hiérarchie céleste, dans la représentation du jugement dernier, du moins dans ce qui concerne les élus, et dans celle du paradis, limite suprême de tous les arts d'imagination ; c'est dans ces sujets mystiques, si parfaitement en harmonie avec les pressentiments vagues, mais infaillibles de son âme, qu'il a déployé avec profusion les inépuisables richesses de son imagination. On peut dire de lui que la peinture n'était autre chose que sa formule favorite pour les actes de foi, d'espérance et d'amour. Pour que sa tâche ne fût pas indigne de celui en vue duquel il l'entreprenait, jamais il ne mettait la main à l'œuvre sans avoir imploré la bénédiction du ciel, et quand la voix intérieure lui disait que sa prière avait été exaucée, il ne se croyait plus en droit de rien changer au produit de l'inspiration qui lui était venue d'en haut, persuadé qu'en cela, comme dans tout le reste, il n'était que l'instrument de la volonté de Dieu (1). »

« On ne connaît pas son maître, ajoute M. de Montalembert : quel que soit celui dont il ait reçu les premières leçons, il faut bien admettre que Dieu seul a pu inspirer un génie comme le sien, et admirer cette vitalité puissante, fruit du silence et de la paix du cloître. Jamais il ne prenait ses pinceaux sans s'être livré à l'oraison, en guise de préparation. Il restait à genoux pendant tout le temps qu'il employait à peindre les figures de Jésus et de Marie; et, chaque fois qu'il lui fallait retracer la crucifixion, ses joues étaient baignées de larmes (2). »

« De l'école de *Franco* (de Bologne), que trois vers du Dante ont préservé de l'injuste oubli où sont tombés ses disciples, sortirent *Vital* et *Lorenzo*, unis l'un à l'autre par une pieuse fraternité de pinceaux, et dont on voyait jadis grand nombre de peintures à fresque dans les cloîtres de Bologne, où ils avaient coutume de peindre alternativement les parties successives d'un même sujet, excepté toutefois quand il s'agissait de représenter le Christ en croix; car alors Vital se refusait à cette tâche trop douloureuse, disant que c'était bien assez que les juifs l'eussent crucifié une fois et que le supplice fût renouvelé tous les jours par les mauvais chrétiens. Son disci-

---

(1) Rio, *etc.*, ch. vi.
(2) *Du vandalisme*, etc. Notice sur le B. frère Angélique.

ple *Jacopo Avanzi* fut long-temps retenu par les mêmes scrupules, ne voulant peindre que des images de la sainte Vierge, et laissant à son ami et condisciple *Simon* le soin de peindre des crucifix. Cette piété traditionnelle de l'ancienne école bolonaise fut encore plus éclatante dans *Lippo Dalmasio*, qui, à l'exemple de Jacopo Avanzi, ne voulait peindre que des images de la sainte Vierge, à cause de la dévotion toute particulière qu'il avait pour elle; et telle était à ses yeux l'importance d'une pareille œuvre, qu'il n'y mettait jamais la main sans s'y être préparé la veille par un jeûne austère, et le jour même par la communion, afin d'épurer ainsi son imagination et de sanctifier son pinceau. Ce qui prouve que ce genre de préparation ne fut pas chimérique, c'est d'abord la vogue prodigieuse dont jouissaient les madones peintes par ce saint artiste, au point que c'était presque une honte de n'en pas posséder une ; c'est ensuite le témoignage très remarquable du Guido, qui, trouvant dans les vierges de Lippo Dalmasio je ne sais quoi de surhumain dont l'infusion ne pouvait être attribuée qu'à une sorte de grâce occulte qui dirigeait son pinceau, n'hésitait pas à déclarer que nul artiste moderne, dût-il s'aider de toutes les ressources du talent et de l'étude, ne parviendrait jamais à réunir dans une figure autant de sainteté, de modestie et de pureté. Aussi n'était-il pas rare de le trouver en extase devant quelqu'une de ces images révérées, quand, aux jours de fête de la Vierge, on les découvrait pour laisser un libre cours à la dévotion populaire (1). »

Nourrie des plus pures traditions légendaires, recevant le mysticisme et subissant à la fois les influences de l'école germanique et de l'école ombrienne, l'école vénitienne ne fut pas moins pieuse que l'école florentine et l'école bolonaise. *Gentil Bellini*, l'un des plus grands artistes de cette école, signait ses tableaux : *Gentilis Bellinus, amore incensus crucis*. Gentil Bellini, enflammé de l'amour de la croix ; Gentil Bellini, entraîné par sa pieuse affection pour la très sainte croix (2). Ce sont de ces signatures qui vont plus loin encore que la postérité, qui vont à l'éternité, la seule postérité digne de l'artiste chrétien. Jean Bellini, frère de Gentil, grand et pieux artiste comme lui, déjà vieux, et composant son dernier chef-d'œuvre comme son *nunc dimittis* d'artiste, écrivait au bas de cette admirable composition, représentant la Vierge sur son trône, environnée des saints et des anges, cette belle et poétique prière : « Porte assurée du ciel, conduis mon âme, dirige ma vie, que toutes mes œuvres soient confiées à ta sollicitude (3). » Enfin, car il faut bien en finir,

---

(1) Rio, etc., c. vii.
(2) Gentilis Bellinus. *Pio. S. S. Crucis affectu Lubnes fecit.*
(3) *Janua certa poli, duc mentem, dirige vitam. Quæ peragam, commissa tuæ sint omnia curæ.*

malgré tout l'attrait que la vie de ces saints artistes a pour l'âme chrétienne, Cariano, de Bergame, l'une des succursales de l'école de Venise, composait un beau tableau de la Vierge, portant l'enfant Jésus bénissant son sujet de prédilection, et il agenouillait à ses pieds, d'un côté, saint Antoine, son patron, et, de l'autre, sainte Catherine, patronne de sa femme, consacrant ainsi à la mère de Dieu son génie et son cœur (1).

Tels étaient ces grands artistes; grands, parce qu'ils étaient pieux. On ne saurait croire quelle énergie et quelle pureté ils puisaient dans la piété; c'était comme une source divine toujours abondante et pure où leur génie trempait ses ailes pour s'envoler vers le ciel. La parole du Sauveur : *Soyez parfaits comme mon père est parfait*, ils l'appliquaient à leurs œuvres d'artiste comme à leurs œuvres de chrétien; ils s'efforçaient sans cesse de se rapprocher de ce type ineffablement beau et infiniment aimable, dont la contemplation élève le génie des artistes et fait le bonheur des saints; et ils se servaient des mêmes moyens : de la prière, de la mortification, de la pratique des vertus et des sacrements. Leur génie vigoureux savait porter docilement le joug de la croix, et la croix leur communiquait la vertu de charité, surnaturalisait leur génie et leur cœur, leurs pensées et leurs œuvres.

(1) Rio, *etc.*, c. x.

Artistes chrétiens, voilà vos modèles : ils sont assez aimables pour que vous les étudiez, assez grands pour que vous les imitiez. Si vous voulez faire de votre art une prédication, faites de votre cœur un sanctuaire, purifiez votre génie aux charbons ardents de l'autel. Il n'y a pas, il ne peut pas y avoir de milieu entre les deux voies, celle qui conduit au paganisme, à l'art pour l'art, et celle qui conduit au christianisme, à l'art pour Dieu. Si vous voulez être grands, soyez chrétiens; si vous voulez être chrétiens, soyez pieux : la piété est comme l'arome de la foi; c'est elle qui vous donnera cette pureté d'expression, cette idéalité de forme, cette intensité de sentiment, ce mysticisme suave et profond qui doit marquer toutes vos œuvres; c'est elle qui adoucira votre génie s'il est trop fier, qui l'élèvera s'il est trop humble, qui le fortifiera s'il est faible, qui lui mettra des larmes dans le cœur s'il est sec, du feu dans le regard s'il est languissant; c'est elle qui vous révèlera les joies ineffables de la grâce, les douleurs du calvaire, les splendeurs du paradis. Si la foi est la racine de votre génie, la piété en sera le parfum, car le génie chrétien, dans son développement complet, c'est *la sainteté en fleur*.

CHAPITRE VII.

Des moines artistes.

> *O quam pulchra est casta genera-*
> *tio cum claritate.* (Sap. cap. IV-1.)

L'histoire de l'art chrétien est toute entière remplie du nom et des œuvres des moines qui lui donnèrent son enseignement et son inspiration; et cependant la plupart de ces artistes éminents se sont dérobés dans le silence et l'ombre du cloître à l'admiration de la postérité. Ce n'est donc pas pour raconter au point de vue de l'histoire et du passé l'influence des moines sur l'art chrétien que nous voulons parler des moines artistes, mais pour expliquer leur influence toute spirituelle et mystique; la perfection de l'âme correspondant à la perfection de l'art. Si la prédominance de l'art sur la matière, de l'expression de l'idée sur la perfection de la forme, de la pureté de l'âme sur la corruption des sens; si, en un mot, le spiritualisme s'est conservé si long-temps dans toutes les branches de l'art et s'étendit, du XIIe au XVe siècle, de saint Bernard à Savonarole, c'est aux moines que nous le devons; c'est à la règle monastique, à la perfection chrétienne, qui est l'idéal des moines, à leur esprit de prière et de pénitence, à leur mortification et à leur pureté. — « Oh! combien est belle cette génération chaste, environnée de l'éclat du génie et de la sainteté. »

Si l'on avait à se former le beau idéal d'un artiste chrétien, il faudrait se représenter un moine dans sa cellule, ou dans l'atelier du monastère, après avoir trempé son âme dans la prière, dirigeant son pinceau sur une toile ou son ciseau sur un bloc de pierre, d'où va sortir une madone, méditant les hardies proportions d'une cathédrale, fixant sur le vélin d'un manuscrit de délicates miniatures, ou murmurant les suaves mélodies de quelque pieuse cantillène. Tout est silence, tout est recueillement autour et au-dedans de lui, tout est prière et pureté. C'est le matin aux lueurs frémissantes de l'aube; il vient de chanter au chœur cette hymne aussi lumineuse et aussi chaude que les premiers feux du jour : — « Splendeur de la gloire du père, faisant jaillir la lumière de la lumière, lumière de lumière et source de clarté, Jésus illuminant le jour, véritable soleil, répandez sur nous votre lumière, brillant d'un éclat éternel; rayonnement du St-Esprit, versez vos feux dans notre cœur. Nuit, ténèbres, ombres confuses et impures du monde, la lumière entre, l'aube paraît au ciel, le Christ vient, éloignez-vous; qu'il gouverne et dirige notre esprit, qu'il soit pour nous la pure chasteté, que la foi s'enflamme de ses ardeurs, sans fraude et sans poison. Que le Christ soit notre nourriture, et la foi notre breuvage; buvons avec joie la sainte profusion de l'esprit. Que ce jour s'écoule dans la joie; que la pudeur soit comme son aurore, la foi comme son midi; et que notre esprit n'ait pas de crépuscule. L'aurore amène la lumière; avec la lumière, qu'elle nous découvre dans le père le fils tout entier, et le père tout entier dans le Verbe. O Christ, c'est vous seul que nous connaissons ; vous, d'un cœur pur et simple pleurant et chantant, nous vous en prions, écoutez la voix de notre cœur! Beaucoup de choses sont enveloppées d'illusions ; purifiez-les par votre lumière. O vous! véritable lumière des choses célestes, illuminez-nous de votre visage plein de sérénité (1). » C'est le soir, entre l'heure de vêpres et l'heure de complies; il vient de murmurer ce dernier adieu à la lumière, cette dernière prière au Dieu qui a fait le jour et la nuit, l'aurore et les ténèbres : « Maintenant se retire le soleil avec ses feux : ô vous, unité, lumière éternelle, bienheureuse trinité, répandez votre lumière dans nos cœurs. Le matin par le chant de nos laudes, le soir par nos prières, nous vous supplions ; daignez nous recevoir parmi ceux qui chantent vos louanges au ciel (2). » Et le moine artiste lève les yeux sur son crucifix, source d'amour et de lumière, qui du cœur ouvert de Jésus coule dans le cœur prosterné du cénobite; il jette un regard serein sur les horizons calmes et pittoresques qui entourent le monastère;

---

(1) *Hym. laud. fer.* III *et fer.* IV.
(2) *Hym. vesp. sabb.*

et, avec les premières lueurs de l'aurore, ou sur les derniers rayons du couchant, il lui semble voir descendre et remonter les anges. Puis, l'œil et l'esprit pleins de ces célestes visions, il reprend sa tâche, son œuvre, sa méditation, sa prière; car, pour lui, travailler ainsi, c'est prier. Oh! qui dira l'ineffable attendrissement de ce cœur fermé du côté de la terre et tout ouvert du côté du ciel? qui dira les flots de poésie et d'amour, d'inspiration mystique et de suavité céleste, coulant des plaies du Sauveur, des lèvres et des yeux de Marie, des portes entr'ouvertes du paradis dans les extases de cette âme contemplative?

Ainsi pratiquaient l'art les moines du moyen-âge; ainsi peignait ses madones le B. frère Angélique, patron vénéré des moines artistes; ainsi sculptait ses vierges le célèbre moine de Saint-Gall. « Tutilon faisait d'admirables ciselures dans la ville de Metz. Deux pèlerins étant venus lui demander l'aumône pendant qu'il ciselait une image de sainte Marie, virent une dame d'une éclatante beauté qui le guidait dans son travail. — Est-ce la sœur du moine artiste, que cette dame très belle qui lui met avec tant de complaisance les ciseaux à la main, et qui le guide dans son travail? dirent les pèlerins aux religieux du monastère. — Mais eux, sachant que Tutilon n'avait pas de sœur, connurent bien que c'était la sainte Vierge elle-même qui daignait lui enseigner son art, et rendirent grâces à Dieu, disant : Béni soyez-vous, père de Notre-Seigneur, qui vous servez d'une telle maîtresse pour diriger la main de notre frère. — Or, ajoute le pieux historien de Saint-Gall, Tutilon, ayant laissé sur une lame d'or un espace circulaire vide, je ne sais par quelles mains furent gravés ces mots : Cette œuvre a été ciselée par la pieuse Marie elle-même (1). »

Pour se tenir constamment à cette hauteur mystique, à ce point culminant, entre la matière et l'esprit, où l'art chrétien aspire sans cesse, il lui faut un travail incessant et un effort continuel. Sur ces hauts sommets, comme sur une autre montagne de la transfiguration, il faut que l'artiste ait appris depuis long-temps à mortifier sa chair, et qu'il ait vaincu la matière dans les embrassements ardents du crucifié. Sans doute, les dons du génie sont départis comme les talents du père de famille, et l'artiste, comme le serviteur de l'évangile, peut être infidèle à sa vocation. Mais on peut assurer sans crainte que le génie le plus sublime sera toujours celui dont les ailes pures et libres se déploieront dans le silence du cloître et dans l'ombre du sanctuaire. « Bienheureux ceux qui ont le cœur pur, parce qu'ils verront Dieu, » a dit le divin Sauveur; et l'on peut bien appliquer à la vue du génie ce qui est dit ici de la vue de l'âme. Pour contempler le

___

(1) EKKEHARD, etc., cité par le comte de Montalembert, *l'Art et les Moines*. Ann. Arch., t. VI, p. 133.)

visage radieux de Marie et des saints, pour entrevoir les chœurs angéliques à travers les profondeurs du ciel et de l'éternité, il faut avoir l'œil illuminé et le cœur pur. Raphaël, l'élève préféré du Pérugin, l'ami chéri de Fra Bartholomeo, tant qu'il demeura pur, composa des œuvres délicieuses, des madones admirables, où la suavité de l'expression se mêle à la grâce des contours, à l'éclat du coloris, à la poésie du sentiment; mais lorsqu'il succomba aux passions de la chair, le paganisme déborda de son pinceau, et l'artiste ne sut produire que des œuvres religieuses sans expression et sans décence, et souiller son beau génie par d'impures compositions mythologiques.

Si les moines ne s'étaient emparés de l'art pour le pénétrer de leur esprit et en faire une chose sainte, comme ils firent d'ailleurs de la science et du travail des mains, de la poésie et de la littérature, jamais l'art ne serait arrivé à la hauteur incomparable où l'ont admiré les siècles du moyen-âge. L'homme est ainsi fait; ce n'est que par des efforts continuels qu'il peut s'élever. Dès lors qu'il ne combat plus, il est vaincu dans la lutte incessante de la chair contre l'esprit. Grâce donc à la perfection évangélique, grâce aux austérités monastiques, l'art conserva son élévation et sa pureté. Embrassant dans tous ses développements et dans toutes ses applications la doctrine des conseils évangéliques, travaillant sans cesse et sans relâche à réaliser l'idéal de la perfection chrétienne : « Soyez parfaits comme votre père céleste est parfait ; » les moines, faisant de l'art un enseignement et une prière, devaient porter dans la pratique de cette oraison plastique leur tendance au saint, au pur, au parfait. Cette tendance, qui était la tendance de toute leur vie et l'aspiration de tout leur cœur, ils la réalisaient dans leurs œuvres d'art comme dans leurs œuvres de religion et de charité, comme dans leurs actions, leurs pensées et leurs désirs de chaque jour.

L'art chrétien, vivant surtout par l'esprit et aspirant sans cesse à s'idéaliser, se rencontrait avec la vie du moine, qui a les mêmes tendances et les mêmes aspirations. En parcourant cette échelle ascendante de vertus en vertus, qui, de son cœur, montait au cœur de Dieu même, le moine rencontrait l'art tendant au même but, mais souvent épuisé de fatigue et vaincu par la matière ; alors il se penchait vers lui, le prenait en l'embrassant, et s'envolait dans les régions éthérées avec cet art qui se transfigurait entre ses bras. — « Un jour, un vénérable moine, du nom de Martyrius, allait de son monastère à un autre monastère pour visiter ses frères. En marchant, il trouva sur le chemin un lépreux voulant rentrer à son gîte, mais ne le pouvant à cause de sa lassitude. Or, il semblait se diriger vers le monastère où ce même moine Martyrius se hâtait d'aller. Et l'homme de Dieu, prenant en pitié la lassitude du lépreux, aussitôt se dépouilla du manteau qui couvrait ses épaules, l'étendit par terre, et y plaça le lépreux. L'ayant ainsi enveloppé de son manteau, il le leva sur son épaule et l'emporta avec lui. Et comme il approchait des portes du monastère, le père spirituel de ce même monastère commença à crier : Accourez, ouvrez vite les portes du monastère, car frère Martyrius vient portant le Seigneur. Or, aussitôt que Martyrius fut arrivé à l'entrée du monastère, celui qu'il pensait être un lépreux, s'élançant de son cou, et apparaissant en ce visage avec lequel a coutume de se montrer aux hommes le rédempteur du genre humain, le Dieu et homme, le Christ Jésus, revint au ciel aux regards de Martyrius, et lui dit en montant : Martyrius, tu n'as pas rougi de moi sur la terre, moi je ne rougirai pas de toi dans les cieux (1). » Voilà, si l'on veut appliquer à notre sujet cette pieuse légende de saint Grégoire, voilà comment, sur le chemin de la perfection, les moines rencontrèrent l'art dégradé, sans force, sans grâce et sans beauté ; comment ils l'embrassèrent pieusement pour l'emmener avec eux dans leur ascension vers les saintes montagnes ; et comment, arrivé aux portes du ciel, cet art, purifié par les saints embrassements de la charité et de l'esprit, se transfigura et revêtit la figure même de Jésus, type divin de toute perfection.

(1) Mont. Saint Grég., *dom.* xi *post Pent.*

Ce qui contribua aussi à maintenir l'art dans ces régions supérieures, d'où il n'aurait jamais dû descendre, c'est que les moines artistes, travaillant dans toutes les directions, et, couvrant l'Europe de chefs-d'œuvre, portaient là comme partout ailleurs leur esprit d'abnégation qui seul peut produire des œuvres bonnes, belles et durables. Les traditions hiératiques se conservaient et se perpétuaient dans les monastères ; les mêmes doctrines vivifiées des mêmes inspirations, secondées des mêmes procédés, étaient mises en œuvre par des générations d'artistes sublimes et inconnus, qui passaient doucement et obscurément de la prière du chœur et des méditations de leur cellule à la prière éternelle des saints, aux visions béatifiques de l'éternité. Il était impossible de ne pas suivre ce courant doux et fort, ce courant de vertus, d'inspirations et de poésie. Les vivants contemplaient sans cesse les œuvres des trépassés, et respiraient leur génie en respirant la bonne odeur de leurs vertus. Travaillant pour la gloire de Dieu et de leur monastère, pour le salut de leur âme et pour l'édification de leurs frères, ces saints artistes n'aspiraient point à fonder de nouvelles écoles, à inventer une nouvelle manière ; ils reproduisaient les mêmes types, comme ils chantaient les mêmes psaumes et récitaient le même office ; ils y ajoutaient seulement toute leur âme, y concentraient toute leur puissance d'adoration et d'amour ; ils se servaient des mêmes formules que leurs pères : elles suffisaient à leurs besoins; mais, en les répétant, ils savaient les varier par la puissante originalité de leur génie, par le tour de leur pensée et par les aspirations individuelles de leur âme.

Si quelques esprits appellent cela une routine, nous leur dirons que la poésie de l'art ne consiste pas dans la variété des types, dans la perfection des procédés, dans l'étendue des scènes, mais dans la force de l'expression, dans l'idéalisme des formes, dans la transfiguration de la sainteté, qui est le point culminant de l'art chrétien. Non, ce n'est pas là resserrer le domaine de l'art, ou, si l'on veut, c'est le resserrer en bas, dans sa partie matérielle et technique, pour le développer en haut dans sa partie idéale et mystique; c'est le resserrer du côté de la terre pour lui donner plus d'énergie et d'élancement vers le ciel, comme ces ogives du XIIIe siècle, qui se resserrent et s'élancent pour pénétrer au séjour de la lumière et de la beauté. A considérer les écoles de peinture de l'Italie du XIIIe au XVIe siècle, les types sont peu nombreux, et l'art se réduit à reproduire sans cesse les mêmes scènes évangéliques ou mystiques. Frère Angélique et son disciple chéri Benozzo-Gozzoli à Florence, Gentil de Fabriano et le Pérugin dans les montagnes de l'Ombrie, Raphaël en ses jeunes années, à Florence et à Rome, Francia à Bologne, Fra Bartholomeo et Rodolphe Ghirlandajo sous l'influence des pures doctrines de Savonarole, les Bellini, Cima da Conegliano et Carpaccio à Venise tous ces grands artistes et leurs élèves n'ont fait que reproduire les mêmes sujets, et cependant quelle variété de poses, d'attitudes, d'expression! quelle sublime originalité, quelle intensité de foi, de prière et d'amour! Comme chacun de ces grands artistes a reproduit les mêmes formes en exprimant des sentiments individuels, forts, tendres, gracieux, austères, pieux, célestes, divins, sans se répéter jamais : ils nous donnaient, dans cette répétition de types et cette variété d'expression, un reflet de ce soleil éternel, sans coucher et sans aurore, qui éclaire les champs du paradis, un écho de ce cantique du ciel qui se répète toujours sans jamais rassasier ni les lèvres ni le cœur des bienheureux.

L'art, étant le miroir de l'âme, exprime l'artiste en exprimant son idéal; car, selon la loi éternelle des intelligences, l'idéal de l'artiste est formé à sa propre image; de là l'incomparable pureté de tant d'œuvres monastiques; de là des trésors de naïveté et de simplicité rassemblés dans ces humbles formules dont des artistes inconnus et sublimes se sont servis pour louer Dieu; de là cette poésie éternellement fraîche et suave, qui répondra toujours à ce que le cœur humain renferme de plus religieux et de plus tendre. Ces hommes, travaillant dans la solitude et s'oubliant eux-mêmes, remplissaient leurs œuvres de l'effusion de leur cœur : ils ne pensaient ni à la gloire, ni à l'admiration des hommes, ni aux louanges, ni à la terre, ni à rien de ce qui retient l'âme dans les liens de la chair ; ils pensaient à Dieu, source éternelle de toute perfection et de toute beauté; ils pensaient à Jésus, leur type et leur modèle, « cet artiste divin, comme chante l'Église, qui s'est revêtu de notre chair pour réparer notre beauté perdue(1) ; » ils pensaient à Marie, leur dame bien-aimée, reine de l'art chrétien et de la poésie mystique; ils pensaient au ciel, au monde d'en haut, à la patrie du bonheur éternel, des délices sans fin, de l'amour sans mesure, de la lumière sans déclin, de la joie sans satiété, de la beauté sans corruption, de la vérité sans nuage; ils pensaient aux fêtes paradisiaques, peuplées d'anges et de saints, de vierges aux couronnes de lis, de martyrs aux palmes immortelles, retentissantes de cantiques ineffables dans les parvis de la céleste Jérusalem. Et si l'on remarque bien souvent dans les œuvres monastiques le vague, l'indéfini, l'incomplet, c'est une image de l'impuissance de la nature humaine à rendre par les formules de l'art ce que l'œil n'a pu voir, ce que l'oreille n'a pu entendre, ce que n'a pu comprendre le cœur, même dans ce vestibule du ciel qu'on appelle le monastère.

Il est une vertu qui est la racine même de la perfection chrétienne et que l'on peut donner comme la racine de la perfection artistique : l'*humilité*. L'ar-

---

(1) 1 *Hym. mat. temp. pasch.*

tiste chrétien a besoin de grâces qui le soutiennent, le guident et l'illuminent pour faire de son art une prédication de la vérité; ces grâces, il ne peut les obtenir que par l'humilité. Aussi est-ce la première, et pour ainsi dire la seule recommandation que la règle de saint Benoit fasse aux moines artistes : « S'il y a des artistes dans le monastère, qu'en toute humilité et révérence ils exercent leur art, si l'abbé le permet. Que si quelqu'un d'eux s'enorgueillit pour la science de son art, parce qu'il lui semble être de quelque utilité au monastère, qu'il soit arraché à la pratique de son art, et qu'il n'y revienne qu'après s'être humilié et sur l'ordre de l'abbé (1). » Admirable prescription de l'humilité et de l'obéissance; elle sauvegardait ici la pureté de l'art contre l'envahissement de l'individualisme, tout en sauvegardant l'âme de l'artiste contre les tentations de l'orgueil. Cet article de la règle bénédictine semble avoir prévu combien l'individualisme était funeste dans l'art; combien ce sentiment égoïste, cette préoccupation personnelle a ravalé souvent le génie. Oui, pour mériter d'entrevoir un rayon de l'éternelle beauté, pour mériter de le révéler aux hommes, l'artiste doit s'humilier dans son impuissance et son indignité. Dès lors son esprit n'est plus préoccupé d'intérêts matériels, son cœur lié d'attaches terres-

(1) *Cap.* LVII, cité par MONT., *l'Art et les Moines*. *Ann. Arch.*, etc.

tres : il s'oublie pour ne plus penser qu'a l'éternelle beauté ; sa pensée est une contemplation, son œuvre sera une formule de foi.

On a souvent parlé du désintéressement des artistes, de leur insouciance à l'endroit des réalités de la vie. En effet, c'est un besoin pour ces natures d'élite de se dérober aux préoccupations matérielles pour s'absorber dans la vue intime de l'idéal, dans le travail de leur pensée et la création de leur œuvre. Mais ce que l'artiste ordinaire fait par habitude et par instinct, le moine artiste le fait par raison et par vertu; il est mort aux convoitises terrestres ; il porte en une chair mortifiée un esprit sans cesse tendu vers les choses d'en haut; il y a en lui une constante préoccupation de l'éternité, il semble pressé de s'en retourner au ciel. Alors, après la préparation de la prière et de la mortification qui de plus en plus abat le corps et surexcite l'esprit, l'œil encore rempli de célestes visions, le cœur plein du Dieu d'amour et de beauté qui descend habiter les âmes pures *comme une abeille divine au blanc calice d'un lis*, ainsi que chante saint Bonaventure; alors il répand dans son œuvre les brûlantes aspirations de son cœur ; il continue avec ce saint travail sa prière et son colloque intérieurs; ou plutôt il les revêt d'une forme, il leur souffle son âme, et il leur dit avec la poésie de nos livres saints : *Florete flores*, fleurissez, fleurs, comme le lis, et répandez vos parfums; croissez en grâce, répandez vos louanges et vos cantiques, et louez le Seigneur (1).

Ainsi se conserva le spiritualisme dans l'art chrétien; par l'humilité, par l'obéissance, par la mortification, par la pratique des vertus chrétiennes; en un mot, par la sainteté qui est la concentration des grâces et des dons célestes dans une belle âme. L'élément surnaturel de la sainteté a donné à l'art chrétien cette poésie, cette suavité, cet idéalisme, cette puissance attractive qui charme, élève et purifie les âmes. C'est là un élément nouveau et, pour ainsi dire, irrésistible, qui pénètre, au moyen-âge, toutes les œuvres d'art, toutes les formes de la pensée; élément qui se concentrait surtout dans les monastères, se préparait dans les cloîtres, et coulait du pied des autels. Parlons donc de la sainteté au point de vue de l'art.

Dieu se révèle de mille manières à nos sens et à notre intelligence, à notre imagination et à notre cœur. Il est la fleur des champs, le lis des vallées; il a fait des nuées son marche-pied, il vole sur l'aile des vents, il a posé son tabernacle dans le soleil; il a rangé en ordre les créatures de l'univers, hiérarchisé en harmonie les astres du ciel et les étoiles du firmament. Certes, il est bien doux et bien aimable dans le parfum de la fleur et dans la blancheur du lis; il est bien admirable et bien grand dans les merveilles

---

(1) Ecci. XXXIX-19.

de la création et dans les splendeurs du ciel ; mais nulle part et jamais il ne se révèle doux et aimable comme dans les saints : c'est que rien n'est attrayant, dans le ciel et sur la terre, comme la sainteté. Aussi, de lui-même, par un vif élan, notre cœur y vole, comme l'œil à la lumière, comme le cerf aux sources d'eau vive. La sainteté, qui est la communication de la vie divine, la sainteté concentrée dans une âme se répand au dehors comme une effluve magnétique, comme une action divine, comme une attraction irrésistible pour les âmes. Dans l'harmonie des êtres, dans l'échelle immense de la création, la sainteté occupe le sommet ; et les créatures, du ciel à la terre, s'étagent et s'harmonisent selon leur participation à la sainteté : lumière pour l'esprit, amour pour le cœur, gloire et transfiguration pour le corps. Détruite par le péché, la hiérarchie primitive se reconstitue par la sainteté qui nous rend la justice originelle en nous faisant participer aux mérites de Jésus-Christ. Aussi rien n'est beau, rien n'est aimable comme la sainteté ; et lorsqu'elle nous apparaît en des âmes privilégiées, elle nous soumet et nous ravit, nous charme et nous enchante ; elle nous fait aimer Dieu comme malgré nous, et tout, autour d'elle, subit son influence : telle que ces parfums suaves qui, non-seulement pénètrent les vases qui les contiennent, mais encore les objets qui les environnent. Il nous semble que Dieu nous regarde avec bonté et nous bénit avec amour, par ces missionnaires de sainteté qu'il nous envoie des sommets lumineux de la foi. Long-temps l'âme garde le souvenir de leur passage; elle s'est sentie ranimée par leur présence, épanouie sous leur souffle, rentrée en grâce par leur intercession; elle se sent triste aussi et rêveuse de leur absence, mais de cette tristesse qui cherche Dieu et qui donne *le mal du ciel*, comme le disait un ange du Carmel.

Or, tel était autrefois l'élément divin qui transfigura l'art chrétien dans les cloîtres, dans les monastères, pendant dix siècles. Entre toutes les gloires et tous les mérites des ordres monastiques, voilà un mérite et une gloire dont nous leur devons être reconnaissants. Un regard à travers l'histoire, et quelques noms échappés à l'humilité du cloître suffiront à le démontrer. — Saint Benoît fonde au mont Cassin son grand institut monastique qui devient la forme de la vie cénobitique dans tout l'Occident : nous avons vu que l'art chrétien fut l'objet des sages prescriptions de cette règle qui a fait peut-être autant d'artistes éminents que de saints. « Les monastères bénédictins eurent bientôt, non-seulement des écoles et des bibliothèques, mais encore des ateliers d'art où l'architecture, la peinture, la mosaïque, la sculpture, la ciselure, la calligraphie, le travail de l'ivoire, la monture des pierres précieuses, la reliure et toutes les branches de l'ornementation, furent étudiés et pratiqués avec autant de soins que de succès, mais sans jamais porter atteinte à la juste et austère discipline de l'institut (1). » Les plus grandes et les plus célèbres abbayes de la règle bénédictine étaient précisément les plus renommées pour le zèle qu'on y déployait dans la culture de l'art. Saint Gall en Allemagne, le mont Cassin en Italie, Cluny en France, furent pendant plusieurs siècles les métropoles de l'art chrétien : plus tard, Saint Denys, sous l'abbé Suger, entra pour le diriger dans ce grand mouvement artistique.

Le mont Cassin etait au xie siècle un centre d'où l'art chrétien rayonnait sur l'Italie : « On voit que l'abbé Didier, lieutenant et successeur de saint Grégoire VII, conduisait de front la reconstruction de son monastère, sur une échelle colossale, et de vastes travaux de mosaïque, de peinture, de broderie et de ciselure en ivoire, en bois, en marbre, en bronze, en or, en argent, exécutés par des artistes byzantins ou amalfitains, et qui lui valurent l'admiration expansive des contemporains. » Dès le ixe siècle, saint Gall répandait en Allemagne la lumière de la science et la poésie de l'art, en même temps que la bonne odeur de la sainteté, et l'on voit le moine Tutilon, celui-là même que la sainte Vierge venait inspirer dans ses travaux, « renommé dans toute l'Allemagne comme peintre, architecte, prédicateur, professeur, latiniste et helléniste, astronome et ciseleur. » Au xiie siécle, Cluny régnait en France

---

(1) Mont., l'*Art et les Moines*. Ann. arch. vi-123.

par la pratique de l'art chrétien autant que par sa science et ses richesses, autant que par la piété de ses moines et par l'influence de ses abbés, qui furent de grands saints, de grands docteurs et de grands hommes d'état. C'est dans l'église de Cluny, la plus magnifique basilique du moyen-âge, que se concentraient tous les rayons et toutes les splendeurs de cet art chrétien, qui devenait ainsi un immense *hosanna* au fils de David. C'est là, dans cette basilique qui atteignait presque les proportions colossales de Saint-Pierre de Rome, que les offices du chœur prenaient plus de temps et de solennité que partout ailleurs, et que les mélodies liturgiques avaient tant de douceur qu'on accusa les clunistes d'avoir amolli le chant ecclésiastique; c'est là que des ornements ruisselants de perles et de pierreries, des vases sacrés d'or pur, d'une matière encore moins précieuse que leurs ciselures, des tapisseries éclatantes, des lustres, des couronnes, des trefs chargés de mille cierges, des chandeliers incrustés de pierres précieuses, des châsses d'or, des reliquaires émaillés, des dalles historiées, des peintures polychromes, étendant sur toutes les voûtes leurs vêtements éclatants, des boiseries sculptées, des vitraux de saphir, comme les appelle la chronique de Cluny; en un mot, toutes les pompes de l'art et tout le génie des artistes se réunissaient pour glorifier le nom de Dieu. Cette magnifique abbatiale, où l'art chrétien puisa ses inspirations et enseigna ses artistes, fut consacrée par Innocent II, alors que Pierre-le-Vénérable, « rayonnant du triple éclat d'une haute naissance, d'une vertu extraordinaire et d'une vaste érudition (1), » était abbé de Cluny. Le développement admirable que Cluny donnait à l'art chrétien, vers la fin du xiie siècle, à cette époque où il allait prendre son élan, aurait pu dépasser le but et donner à la forme une funeste prépondérance sur l'idée, s'il n'avait été contenu par Citeaux avec son ascétisme, et par saint Bernard, avec ses critiques exagérées peut-être, mais qu'il faut juger au point de vue du spiritualisme monastique, pour les apprécier et les comprendre. L'austérité de Citeaux et de saint Bernard ne permit pas à l'art chrétien de dévier de son but sublime et de tomber avant le temps dans ce naturalisme et ce sensualisme qui seront l'éternel déshonneur de la renaissance.

Toutes les branches de l'art, tous les ruisseaux de cette abondante source de poésie chrétienne qui coule au cœur du moyen-âge furent pratiqués, dirigés, purifiés par des moines. Alors, il n'était pas un seul caprice de l'imagination, pas un seul élan du cœur qui n'eût sa place dans cette magnifique synthèse de foi, de science et de poésie élevée en l'honneur de Jésus Notre-Seigneur et de Marie Notre-Dame. C'est aux moines que nous devons la forme et le symbolisme de nos cathédrales.

(1) Hurter. *Tableau, etc.*, ch. xii.

Le système ogival est sorti tout pieux et tout ardent de la cellule de quelque génie monastique, qui a demandé pour grâce au Seigneur de rester à jamais inconnu. Si la France doit aux moines tant de chefs-d'œuvre et d'institutions, l'Angleterre leur doit ses magnifiques cathédrales collégiales et abbatiales, qui servent d'inspiration et de modèle à la renaissance ogivale ; l'Allemagne, entre autres institutions, leur doit ses confréries d'artistes animés du plus pur esprit chrétien ; l'Italie leur doit ses grandes écoles de peinture, qui seront à tout jamais son immortel honneur, et où s'est condensée pour elle toute la poésie de l'art chrétien. Ces grandes écoles commencèrent par les miniatures. Or, « l'art de la miniature étant particulièrement approprié à la vie monastique, il était naturel qu'il fût cultivé de préférence par ceux qui, dans le silence des cloîtres, voulaient encore donner un élément légitime à leur imagination ; et voilà pourquoi certains ordres religieux, comme les dominicains et les camaldules, s'empressèrent d'ouvrir un asile à cette branche innocente de la peinture (1). »

» C'était dans ces pages discrètes, où ils priaient Dieu et chantaient ses louanges, que ces artistes pieux cachaient les trésors de leur génie. L'idéal qui tourmentait leur pensée pouvait ainsi se réaliser et prendre un corps sans sortir de l'ombre et de l'hu-

(1) *De la poésie chrét.*, etc., p. 177.

milité du cloître. Parmi ces peintres vénérés, on pourrait citer Odérigi d'Agobbio et Franco de Bologne, chantés par Dante, Benoît de Matéra, religieux du mont Cassin, et Gabriel Mattei, de l'ordre des Servites, qui décorèrent d'admirables miniatures les livres de chœur de la cathédrale de Sienne. Ferrare eut aussi ses moines miniaturistes : le moine bénédictin Serrati et frère Gérôme Fiorini. Florence eut ses camaldules : dom Sylvestre et dom Jacques le Florentin, qui mirent en commun leur patience et leurs talents respectifs pour doter le couvent, qui avait été leur plus chère patrie sur la terre des plus magnifiques livres de chœur qu'on eût jamais vus (1). »

Ce Jacques le Florentin était un si grand et si saint artiste, qu'au rapport de Vasari, cité par Rio, les camaldules du monastère des Anges honoraient sa main droite, conservée comme une relique dans un tabernacle de leur couvent. Ces noms ont survécu ; mais combien d'autres moines artistes sont demeurés inconnus, qui ne se sont révélés que par des merveilles de calligraphie et de miniatures que nous admirons, et qui furent la prière de leur cœur plus encore que le travail de leurs mains.

« Il est enfin un art le plus charmant et le plus puissant de tous, celui qui répond le mieux aux besoins intimes de l'âme, qui exprime le mieux nos

---

(1) *De la poésie chrét.*, etc., p. 184.

émotions, qui exerce sur nos cœurs l'empire le plus incontestable, mais aussi le plus éphémère. L'Église seule a pu lui imprimer un caractère durable, populaire et sacré ; et les moines ont été, dans cette œuvre aussi difficile que méritoire, les auxiliaires zélés et infatigables de l'Église. La musique a été de tous les arts celui qu'ils ont le plus cultivé et le plus aimé. Saint Grégoire le Grand, père de la vraie musique religieuse, s'était formé, comme on sait, dans le monastère de Saint-André, à Rome, avant d'être pape. Le chant grégorien, fruit de son génie et de son autorité, souvent repoussé, bien plus souvent altéré par les générations postérieures, a été maintenu et pratiqué par l'ordre dont il était sorti plus fidèlement que par aucune autre fraction de la société chrétienne (1). »

Et l'éloquent panégyriste des moines artistes continue, citant l'abbaye de Saint-Gall et ses célèbres moines musiciens Notker, Ratbert et Tutilon ; les réformateurs bénédictins saint Benoît d'Aniane, saint Dunstan, saint Odon de Cluny ; attribuant aux moines la création de l'orgue, remarquant le goût passionné des moines anglais pour la musique ; citant, comme les grands théoriciens de cette partie si intéressante de l'art, Rémy d'Auxerre, Odon de Cluny, Gerbert, Herman Contract, saint Bernard, l'abbé Ratbod et le moine Gui d'Arrezzo. Enfin, il

---

(1) MONT. *L'Art et les Moines. Ann.*, etc., VI, p. 134.

conclut : « Ainsi donc, c'est à un illustre moine, saint Grégoire le Grand, que le chant ecclésiastique, l'expression la plus haute de la vraie musique, doit son développement; c'est à un moine que la musique moderne doit ses moyens pratiques et les procédés les plus indispensables à son étude; ce sont des moines qui, depuis la Thébaïde jusqu'à la Forêt-Noire, ont, pendant quatorze cents ans, enrichi le trésor de la science musicale par leurs recherches et leurs traités; ce sont enfin de saints moines, du VIIIe au XIIe siècle, qui se préparaient, par la prière et l'abstinence, à la composition de ces immortels chefs-d'œuvre de la liturgie catholique méconnus, mutilés, parodiés ou proscrits par le goût barbare des liturgistes modernes, mais où la vraie science n'hésite plus à reconnaître une finesse d'expression ineffable, un je ne sais quoi d'admirable et d'inimitable, de pathétique et d'irrésistible, de limpide et de profond, une vertu suave et pénétrante, et, pour tout dire, une beauté toujours naturelle, toujours fraîche, toujours pure, qui ne s'affadit jamais, et jamais ne vieillit. Jusqu'à leur dernier jour, fidèles à leur ancienne gloire, les églises monastiques conservèrent les plus doux trésors de cette divine mélodie qui, selon la parole d'un moine, ne se taisait qu'après avoir rempli les cœurs chrétiens de paix et de joie (1). »

(1) MONT. *Idem*, etc., p. 138.

La vaste religion bénédictine ne fut pas la seule à s'emparer de l'art pour en faire la formule de ses prières et le char de feu de son enthousiasme mystique ; les deux grandes familles monastiques du xiiie siècle ne pouvaient pas, alors surtout que l'art chrétien était dans toute sa puissance et tout son éclat, laisser échapper ce moyen d'influence sur les âmes et ce mode chrétien de glorifier Dieu. La religion dominicaine, instituée pour prêcher Dieu, le prêchait comme vérité éternelle par la parole, et, par l'art, comme éternelle beauté. « Si l'on s'étonnait de voir des artistes, et même de grands artistes, parmi les frères prêcheurs, on n'aurait pas de l'art l'idée religieuse qui lui convient. L'art, n'étant, comme la parole et l'écriture, que l'expression du vrai et du beau, a droit d'être cultivé par tous ceux qui s'occupent d'élever l'âme de leurs semblables à la contemplation de l'invisible ; et Dieu lui-même, en même temps qu'il donnait à Moïse les tables de la loi, lui montrait sur le Sinaï la forme du tabernacle et de l'arche sainte. C'était nous apprendre que l'architecte des mondes est l'artiste par excellence, et que plus l'homme reçoit de son esprit, plus il est capable et digne d'aspirer lui-même aux saintes fonctions de l'art. Les religieux du moyen-âge n'ignoraient pas cette vérité. Les cloîtres cachaient des architectes, des sculpteurs, des peintres, des musiciens, de la même manière qu'il s'y formait des écrivains et des orateurs. Le chrétien, en entrant sous le doux ombrage de leurs voûtes, offrait à Dieu, avec son âme et son corps, le talent qu'il avait reçu de lui, et, quel que fût ce talent, il ne manquait pas de prédécesseurs et de maîtres. Près de l'autel, tous les frères se rassemblaient par la prière; rentrés dans leurs cellules, le prisme était décomposé, et chacun d'eux exprimait à sa manière un rayon de la beauté divine (1). »

Ainsi, les architectes de la belle église de Santa-Maria-Novella, à Florence, étaient trois frères prêcheurs; et c'est dans l'ordre de Saint-Dominique, à Florence même, que nous rencontrons ce frère Jean de Fiésole, surnommé Angélique et proclamé *bienheureux*, pour la pureté de sa vie et la suavité céleste de son pinceau. C'est encore la religion dominicaine qui a produit le grand réformateur de Florence, ce Savonarole, que l'esprit de parti a bien pu calomnier, l'hérésie chercher à compromettre par ses éloges, mais qui sera toujours plus que justifié, devant les cœurs catholiques, par la vénération de saint Philippe de Néri, et par cette parole de Paul III, *qu'il regarderait comme suspect d'hérésie quiconque oserait en accuser Savonarole*. Nous avons eu l'occasion de parler de l'esthétique du grand et doux prieur de Saint-Marc; c'est toute l'esthétique de l'art chrétien. On sait son immense influence sur le peuple de Florence, sa lutte contre le paganisme de l'art et des

---

(1) LACORDAIRE. *Mém.*, etc., c. v.

mœurs, des usuriers et des Médicis, le retentissement de sa parole, la suave poésie de sa belle âme, enfin sa mort de martyr sur un bûcher. Il charmait les enfants et enthousiasmait les artistes. Après lui, il laissa une école toute imprégnée de son esprit, qui garda ses pures doctrines, pendant plus d'un siècle, au sein de l'impure Florence. Parmi les gloires de cette école, il faudrait citer Baldini et Botticelli, les deux plus fameux graveurs de Florence; Lorenzo di Credi, qui se retira dans l'hospice de Santa-Maria-Nuova pour pleurer la mort de son ami; Fra Benedetto, peintre en miniature, héritier des traditions du bienheureux Angélique de Fiésole, et qui voulait mourir avec son maître dans le couvent de Saint-Marc; Baccio della Porta, qui prit l'habit de moine pour cacher sa douleur de la mort de Savonarole, et qui devint ce Fra Bartholomeo, si célèbre dans l'école régénérée de Florence, le plus grand de tous les élèves du martyr dominicain; Luca della Robbia, si fécond, si original et si mystique; l'architecte Cronaca, et tant d'autres moins connus. Cette école fut féconde et lutta pendant long-temps contre l'invasion du naturalisme et du sensualisme païen; elle se prolonge par Rodolphe Ghirlandajo et son élève Michele di Rodolfo jusqu'aux dernières années du xvie siècle. Telle fut l'influence des dominicains dans l'art chrétien. Animés de ce prosélytisme ardent, qui en a fait des apôtres et des martyrs, ils protestèrent contre l'envahissement du paganisme, et marquèrent, par un sillon de génie et de souffrance, de gloire et de sainteté, la suite des pures traditions et des inspirations chrétiennes (1).

Si la religion franciscaine nous offre moins d'artistes sortis de son sein, en revanche elle nous montre son tombeau de saint François sur une des collines de l'Ombrie, comme le foyer des inspirations et la source de la poésie chrétienne. Ce tombeau, placé près d'Assise, sur la colline du paradis, fut recouvert d'une magnifique église gothique, bâtie par un architecte allemand. Vaste, élancée, splendide, composée de deux églises superposées, bâtie, sculptée, peinte, ornée avec tout l'enthousiasme de la piété et toute la profondeur du symbolisme catholique ; dédiée à Marie, et couronnant le tombeau du séraphin d'Assise, cette double église est comme le point culminant où se sont rencontrées toutes les formes et toutes les expressions de l'art chrétien. Chaque école, chaque artiste chrétien est venu y apporter son tribut, y demander des inspirations, y pénétrer son génie de cette suave abondance de foi, de poésie, de naïveté, d'enthousiasme et d'amour, qui débordait du cœur de saint François. Les derniers représentants de l'art byzantin en Italie, et les premiers novateurs du style occidental, y sont venus, Giunta Pisano et Cimabué, Giotto et Simon Memmi,

---

(1) Voir à ce sujet deux admirables chapitres dans l'admirable livre de M. Rio. *De la poésie chr.*, c. VIII-IX.

Giottino et Taddeo Gaddi. Les plus illustres représentants de l'école ombrienne, qui fleurit avec un si doux éclat à l'ombre de la colline du paradis, y sont venus déposer leur offrande dans des fresques immortelles : Aluigi d'Assise, Nicolas de Foligno et ces innombrables artistes d'Assise et des lieux voisins, tous pieux, tous mystiques, et dont la piété exaltait ou suppléait le génie. Si les artistes qui se plurent à orner le tombeau de saint François sont nombreux, ceux qui consacrèrent leurs talents à célébrer sa gloire sont innombrables, de frère Angélique et de Jean Bellini à Murillo et à Zurbaran. Ce n'était pas seulement les architectes et les peintres qu'inspirait le nom de saint François, c'étaient aussi les sculpteurs et les ciseleurs, les verriers et les poètes. Parmi ces derniers, Dante et Lope de Vega furent les plus célèbres, et le bienheureux Jacopone de Todi fut le plus enthousiaste et le plus pieux (1).

Telles sont les merveilles opérées par le tombeau d'un moine; telle était alors l'influence monastique sur l'art chrétien dans toutes ces manifestations. Et ce n'est là qu'une des moindres pages de l'histoire des moines artistes. Combien de noms resteraient à citer! combien d'œuvres à admirer! combien de pieux et grands artistes demeurés ensevelis dans leur cloître et dont l'esprit et la protection ont re-

---

(1) Voir à ce sujet dans la *Vie de saint François d'Assise* par Chavin de Malan, le chapitre xv et les notes.

tardé la décadence de cet art dont ils avaient fait une prière! Grâces soient rendues à ces moines d'autrefois, qui nous ont conservé l'art et la poésie! On commence à leur rendre justice; mais on ne saura jamais assez ce que nous ont valu d'élévation et de pureté dans tout le développement intellectuel et artistique du moyen-âge, les vertus, l'exemple, le génie et la protection des moines. On ne saura jamais assez combien étroitement l'art chrétien relève de la vie cénobitique, de même que le culte et la foi, la science et la civilisation. Le moine concentre en lui toute la lumière et toute la vérité évangéliques; il habite les sommets lumineux de ces saintes montagnes d'où nous doit venir le salut. Le moine, c'est l'évangile en action; vêtu de son froc, ceint de sa corde, chaussé de ses sandales, nimbé de sa couronne, il s'en va semant la vérité, la science, l'art et la poésie; il est le père des petits et le frère des pauvres, le docteur des savants et le maître des artistes. L'art chrétien a vécu de sa vie durant tout le moyen-âge; avec elle il a baissé à la renaissance, et s'est éteint; avec elle et par elle, de nos jours, il revivra.

CHAPITRE VIII.

Du présent et de l'avenir de l'art chrétien.

CONCLUSION.

> *Instaurare omnia in Christo*
> (*Eph.* 1-10.)

L'art chrétien, on le comprend maintenant, ne tient pas seulement au goût et à la fantaisie, il tient au cœur et à l'esprit, à tout ce que la foi religieuse a de plus énergique, à tout ce que la piété chrétienne a de plus tendre. Il fut un temps où le moyen-âge avait la vogue d'une mode nouvelle; grâce à Dieu, ce temps est passé, et la mode a fait place à l'étude sérieuse, à l'admiration réfléchie, à une imitation intelligente. Pressentir les destinées de l'art chrétien, c'est pressentir les destinées mêmes de la foi chrétienne. L'art et la foi, l'art inspiré du moyen-âge et la foi vive et forte de ces temps héroïques, semblent inséparables. A mesure que la foi baissa dans les sociétés, l'art descendit des hauteurs théologiques et mystiques, pour tomber dans le naturalisme, et de là se ruer dans le sensualisme et dans le paganisme, qui est la perversion totale de l'art. Qui ne voit maintenant que l'art, dans toutes ses expressions de goût, de poésie, d'imagination, l'art, forme de la pensée, élément de civilisation, reflète la foi d'un siècle et la croyance d'une époque? L'Église s'est long-temps servie de l'art, son humble et fidèle interprète, comme auxiliaire de la parole; le siècle était alors obéissant et soumis à l'Église; la renaissance consomma la séparation, et l'art se détachant de l'Église, en détacha l'esprit, bientôt le cœur, enfin la société toute entière. De nos jours, l'art chrétien reprend faveur; on ne calomnie plus le siècle d'ignorance et de barbarie d'Innocent III et de Saint-Louis; ce n'est plus ni le ton de la science ni le ton de l'esprit, mais on étudie ce grand siècle, on l'apprécie, on l'admire; combien qui le vénèrent et qui l'aiment avec la ferveur de l'enthousiasme et de la poésie! Aussi, les esprits attentifs s'aperçoivent que le siècle se rapproche de l'Église, non pas encore (plaise à Dieu que ce temps arrive bientôt!) non pas encore comme d'une mère dont on a contristé le cœur, mais du moins comme d'une reine déchue dont on respecte l'infortune et dont on admire les bienfaits. Dans le passé, cette relation de puissance et d'influence entre l'Église et l'art chrétien, dans le présent, cette relation d'étude, de respect et d'admiration, nous permet de jeter un coup-d'œil dans l'avenir et d'indiquer par analogie les destinées de cet art régénéré.

Cependant, il est bon de connaître un peu plus en détail où en est actuellement la réhabilitation d'une époque trop long-temps méconnue, que l'on ne saurait assez étudier ni se lasser d'admirer. Le moyen-âge, pleine floraison de l'art chrétien, renferme assez de science, d'œuvres, de sainteté, de poésie, de révolutions, d'activité, pour l'étude de plusieurs générations. C'est un héritage sacré dont nous commençons l'inventaire, et qui nous découvre des trésors nouveaux à mesure que nous en perçons les ténèbres et que nous en cataloguons les richesses. L'étude scientifique du moyen-âge, qui est proprement l'archéologie chrétienne, a amené et amène tous les jours la découverte, l'intelligence, la réhabilitation d'une pensée, d'une œuvre, d'un monument de nos pères, et partant la renaissance de cet art profondément chrétien qui était la poésie de leur imagination, la piété de leurs cœurs, et l'enthousiasme de leur foi. Arrêtons-nous donc un moment à examiner les conquêtes que les études archéologiques ont faites sur le dédain, l'ignorance ou la haine des trois derniers siècles. Par quelques noms et par quelques œuvres, au sein des trois grands peuples de l'Occident qui ont créé l'art chrétien et qui en ont fait le plus éclatant et le plus complet de leurs hommages envers le Christ et son Église, constatons la tendance des esprits, l'étude des savants, les inspirations des âmes tendres et mystiques, les espérances de la foi et de la piété chrétiennes.

En Angleterre, les études *ecclésiologiques*, comme ils disent, occupent les esprits les plus sérieux, accompagnent et activent le mouvement de retour vers l'Église catholique. Les membres du parlement et de l'aristocratie étudient et admirent, analysent et font réparer les vieux monuments de la catholique Angleterre. Les belles et nombreuses cathédrales, ouvrages des moines, sont l'objet de réparations et de restaurations somptueuses et intelligentes, en même temps qu'elles servent de modèle à de nouvelles constructions gothiques presque irréprochables. Les grandes cathédrales de Wells et d'Ely se décorent de vitraux peints du style de ces monuments. A Londres, ce sont des églises nouvelles bâties, en style gothique, par des architectes éminents, tels que MM. Scott et Carpenter, Cundy et Ferry : ces églises, dont deux furent consacrées en 1850, sont construites, meublées, vitrées et peintes en style chrétien. Sur toute la surface de l'Angleterre, un architecte d'une fécondité merveilleuse, écrivain, artiste et praticien, Welby Pugin, dont l'ecclésiologie anglaise déplore la perte récente, a semé des monuments somptueux, la plupart de ce XIVe siècle si gracieux qu'affectionnent les Anglais : avec une prodigieuse activité, il a bâti, meublé et décoré des cathédrales, des évêchés, des monastères et des châteaux. D'autres architectes, tels que MM. Hardmann, Sharpe, Colling et Dallman, écrivent et bâtissent, enseignent les principes de cet art qu'ils pratiquent avec bonheur.

En Angleterre, comme en France, la restauration

de l'art chrétien est intimement liée à la renaissance de la foi catholique, à la restauration de l'Église dans les âmes et dans les sociétés. Voici ce qu'écrit à ce sujet le chanoine Daniel Rock, auteur de l'*Église de nos pères*, l'un des membres les plus distingués du clergé catholique en Angleterre, et l'un des ecclésiologues les plus actifs et les plus savants : « Quoique notre foi soit catholique, et que, comme la lumière du soleil, elle ne brille pas seulement dans un pays, mais par toute la terre, il faut cependant que nos preuves pour la défendre soient fixes comme nous le sommes, et anglaises comme nous. En bâtissant nos nouvelles églises, exactement d'après l'ancien modèle anglais, nous ferons parler les pierres modernes, comme parlent les anciennes; en donnant aux nouvelles constructions religieuses la forme des anciennes, les unes et les autres tiendront le même langage et apporteront ainsi un témoignage plus fort en notre faveur....... Les Grecs païens ont choisi le *beau* et le *convenable* comme leur règle souveraine dans les beaux arts, qu'ils ont toujours rendus, pour ainsi dire, les serviteurs et les esclaves de leur folle religion. Il faut que nos artistes se déterminent à ne pas être surpassés par ceux du paganisme, et il faut qu'ils emploient toute la beauté, toute la puissance de leurs talents à soutenir la seule vraie, pure, infaillible et sanctifiante foi de Jésus-Christ, enseignée par son Église. Qu'ils prennent donc pour devise le *beau, le vrai, le saint*. Qu'ils copient toutes les beautés chrétiennes et évitent toutes les laideurs qu'ont pu exprimer certains artistes du moyen-âge. Pendant qu'ils travailleront à embellir la maison de Dieu, et à donner, par les murs et les fenêtres, une silencieuse instruction à l'ignorant comme à l'homme lettré, ils éclaireront, pour ainsi dire, nos églises de la lumière évangélique; ils enseigneront aux hommes ce qu'ils doivent croire et faire en cette vie, ce qu'ils doivent attendre et espérer dans celle à venir (1). » Et pour confirmer par ses œuvres ces belles et chrétiennes doctrines, le chanoine Rock s'attache à vivifier une des branches de l'art chrétien; avec des études et des attentions infinies, il rend aux anciens vêtements sacerdotaux leur forme ample et gracieuse, leur symbolisme poétique et profond; et cette réforme gagne d'un bout à l'autre de l'Angleterre.

L'industrie elle-même, si puissante et si active en Angleterre, sert à populariser l'art chrétien. A l'exposition universelle de 1851, la *Cour du moyen-âge* offrait jusqu'en leurs moindres détails, jusqu'à la plus minutieuse exactitude, tous les meubles religieux et civils, tous les ornements du moyen-âge. Dix-huit maisons avaient exposé des vitraux coloriés, et M. Minton étalait des terres cuites et des carreaux émaillés d'une rare somptuosité, en imitation des vieux pavés gothiques.

(1) *Ann. arch.*, XI, p. 139-146.

Non-seulement des églises gothiques s'élèvent, mais encore s'établissent des maisons où se fabriquent tous les produits du moyen-âge. M. Burton à Londres et M. Hardmann à Birmingham, fondent des vitraux, coulent des pavés émaillés, tissent des tapis et des étoffes de soie et de laine, confectionnent des vêtements sacerdotaux, fondent, cisèlent, émaillent, sculptent des objets d'orfévrerie, de menuiserie, de ferronnerie, de dinanderie, comme faisaient les moines du moyen-âge. Vienne souffler l'esprit dans ces âmes de bonne volonté et sur ces éléments tout préparés, et l'Angleterre reverra les beaux jours de ses monuments gothiques presque aussi innombrables que ses saints. Ainsi, l'art chrétien n'est plus seulement une étude, il se pratique avec enthousiasme, sinon toujours avec bonheur. Cette activité est dirigée, inspirée par des ouvrages nombreux pleins de science et d'idées, édités avec ce luxe et cette profusion typographique dont les Anglais seuls ont le secret.

Publications périodiques, journaux, revues, encyclopédies, mémoires, histoires; études de la symbolique et des légendes, des lois architectoniques et de la sculpture, des ornements et des décorations. Architecture religieuse et architecture civile, dalles tumulaires et armoiries, iconographie et hiérurgie, musique et plain-chant, toutes les inspirations de l'art chrétien dans toutes ses formes, ont leurs historiens, leurs admirateurs, leurs savants dans des écrivains éminents comme Parker, Beresford Hope, Pugin, Willis, Boutell, Rock, Wright, lord Lindsay et Mmes Merrfield et Jameson. C'est ainsi qu'en Angleterre est compris, étudié, imité le moyen-âge ; c'est ainsi que l'art chrétien vient en aide à la renaissance catholique de l'île des saints, et que la prédication plastique des monuments gothiques ajoute son irrésistible prosélytisme au prosélytisme de la parole et de la science.

L'Allemagne ne perdit jamais le culte de l'art chrétien, qui fut long-temps son art national. Là où elle est restée catholique, elle n'a fait que continuer la pieuse vénération et le naïf enthousiasme de ses ancêtres pour les formes de sa prière et de sa foi : sur cette vieille terre germanique, les traditions du moyen-âge ont une fraîcheur de vie et de jeunesse inconnue partout ailleurs Là où elle est protestante, elle cherche à se dégager des froides étreintes d'une doctrine sèche et désespérante, sans art et sans poésie comme sans amour et sans lumière, pour se rapprocher de la doctrine catholique ou tomber définitivement dans l'abject matérialisme, dans l'athéisme en religion, dans l'adoration de la forme en esthétique, à la suite de Goëthe, son poète immoral et satanique.

A Cologne, cette métropole de l'art chrétien au moyen-âge, l'immense et admirable cathédrale que le moyen-âge laissa inachevée, se relève et remonte peu à peu vers le ciel. Elle fut révélée, pour ainsi dire, et découverte à l'admiration de l'Allemagne par M. Sulpice Boisserée, le patriarche de l'archéologie : le savant architecte Zwirner conduit les travaux sous le patronage éclairé et splendide du roi de Prusse, Frédéric Guillaume IV, auquel le roi de Bavière unit ses libéralités, et toute l'Allemagne son patriotique concours. Dès 1850, les nefs latérales étaient voûtées, les deux façades du transept achevées, la nef centrale recouverte d'un toit provisoire ; et déjà se dessinent les grandes lignes architecturales du monument, au-dessus desquelles l'art chrétien semble planer dans toute sa puissance qui renaît, et son inspiration qui se rallume. Ce sera encore pour l'Allemagne un centre de travaux, et sans doute le commencement d'une école originale et féconde comme elle en possédait tant autrefois.

L'immense cathédrale n'est pas la seule à recevoir les premières inspirations de l'art chrétien renaissant : Saint-Cunibert, Saint-Martin, Saint-André, l'église gothique des frères mineurs, sont restaurées avec intelligence. A Altimberg, près de Cologne, l'église de l'abbaye, reproduction en miniature de la grande cathédrale, à Bonn et à Neuss, à Boppard et à Oberwésel, les églises gothiques reprennent leur physionomie et leur éclat. La peinture murale, qui est la véritable peinture monumentale et religieuse, nous offre des œuvres empreintes d'une puissante et pieuse originalité : la cathédrale de Spire, magnifique basilique du XIIe siècle, l'un des chefs-d'œuvre de cet art roman qui fleurissait avec tant de grâce sur les bords du Rhin, est revêtue à l'intérieur de tout un système de décoration polychrome d'un bel effet. Ces peintures sont dues à M. Schraudolph, l'une des gloires de l'école de Munich, et, sous sa direction, à MM. Schwarzmann, Mayer, Koch et Süssmayer. Une autre école, l'école mystique de Dusseldorf, a orné la chapelle d'Apollinarisberg, près de Bonn, célèbre dans tout le moyen-âge par un pélérinage à Saint-Apollinaire, de peintures murales d'une grâce, d'un éclat et d'une poésie toute Péruginesque, dues aux pinceaux de Déger, des frères Müller et d'Ittenbach. Edouard Steinle, de Vienne, que M. Réichensperger appelle l'*Ami intime et congénial* d'Overbeck, cet Overbeck, qui a renouvelé en Allemagne l'art et la piété de frère Angélique, a orné de fresques admirables le baptistère du château de Rheineck ; tandis que M. Settegast a orné l'église des Franciscains de Dusseldorf et l'église de Saint-Castor de Coblentz d'œuvres remarquables qui annoncent un véritable artiste chrétien.

A Trèves, aux bords de cette Moselle chantée par notre poète Ausone, s'élève une admirable cathédrale, fondée par sainte Hélène, à la fois romaine, romane et gothique, trois fois vénérable ; le chanoine Wilmowky la fait réparer par M. Schmidt avec une science et une intelligence rares, même de nos jours, même en Allemagne. Dans le grand duché de Bade et dans le royaume de Wurtemberg, des sociétés archéologiques actives et dévouées raniment l'art chrétien par de splendides publications. En même temps, des écrivains distingués publient de savants ouvrages, rédigent d'intéressantes publications où l'art du moyen-âge est victorieusement réhabilité. Ce sont, pour ne citer que les plus connus, le professeur Kreuser, de Cologne; dans la même ville, M. A. Reichensperger, conseiller à la cour d'appel, membre des parlements de Francfort et de Berlin; M. Ramboux, conservateur du musée, auteur d'une savante étude sur la vieille peinture chrétienne de l'Italie; à Trèves, le baron de Roisin; à Bonn, M. de Lassaulx, que regrette la renaissance catholique. Les architectes renaissants ne manquent pas pour réaliser le fruit de ces travaux ; ce sont MM. W. Schmidt, de Trèves; Kallembach et Ungewitter, M. Hoffstadt, l'auteur des *Principes du style gothique*, qu'on a nommé le *Vignole du moyen-âge*, et M. Lange de Fould, dont le crayon et la plume retracent les lois de l'art gothique; enfin, Mgr Arnoldy, évêque de Trèves, et Mgr Müller, évêque de Münster, secondent ce mouvement de retour vers les pures traditions de l'art chrétien.

Dans l'Autriche, plus silencieuse et moins expansive, l'archéologie et l'art chrétien sont représentés par des écrivains distingués, comme le docteur Edouard Melly, de Vienne, le docteur A. Schmidt, M. de Léber, enlevé trop tôt à la science, le docteur Heider; par des architectes, comme M. Oescher, mort il y a cinq ans, et M. Ernst ; et des libraires, comme M. Schoen, de Saltzbourg. La Saxe a son docteur, L. Puttrich, qui étudie et révèle ses vieux monuments gothiques avec un zèle presque égal à la science. La Prusse, plus froide et tout enivrée de la parole de ses philosophes, participe moins au mouvement de retour vers l'art chrétien ; cependant une grande église gothique s'élève à Berlin même ; M. de Quast, conservateur des monuments, aimé et admiré, connaît et fait connaître les monuments du moyen-âge ; et M. le docteur Schnaase, conseiller à la cour de cassation de Berlin, publie son *Histoire de l'art*, ouvrage plein de profondeur et d'érudition, comme savent faire les Allemands, et qui est toute une synthèse de l'art chrétien. La Belgique, plus ouverte aux influences de la France et de l'Allemagne catholique, ne reste pas en arrière du mouvement de restauration gothique. Elle répare ses vieux et remarquables monuments et en bâtit de nouveaux ; elle voit dans son sein des sociétés archéologiques, des écrivains, des artistes même propager et pratiquer l'art chrétien. A Bruges, Mgr Malou dirige lui-même les efforts et les travaux des artistes, et porte dans l'étude du moyen-âge une science aussi rare que son goût est éclairé. A Gand, ce sont MM. le docteur Roulez, le baron de Saint-Genois et l'échevin de Pauw, qui préside à la restauration du beffroi. A Tournay, ce sont d'habiles archéologues, comme M. le Maistre d'Anstaing et

M. le vicaire-général Voisin, qui se dévoue à la restauration de la cathédrale. A Liège, c'est un institut archéologique, où se distinguent MM. le chanoine Devroye, Petit de Rosen et l'architecte Delsaux. A Bruxelles, M. Schayes publie une histoire de l'architecture en Belgique, M. King traduit et pratique les ouvrages de Welby Pugin; MM. Bock, Demanet, Guillery, Solvyns et tant d'autres, mettent en lumière les théories de l'art, tandis que M. le comte Félix de Mérode prend sous son patronage, aide de sa science et de son activité ce mouvement de réhabilitation et de restauration.

Mais cet immense mouvement part de la France, de cette France ardente et mobile, qui semble cependant avoir renoncé à sa mobilité native pour s'attacher avec une persévérante activité à la réhabilitation du moyen-âge. Inutile, impossible d'ailleurs d'entrer dans tous les détails de ce mouvement régénérateur, de citer tous les hommes qui y participent, toutes les œuvres qui en marquent le progrès. Quelques noms et quelques œuvres suffiront. M. de Caumont est le premier qui, par son grand ouvrage d'archéologie, a réveillé l'attention des savants sur les merveilles de notre art national. Sans doute, avant lui, on avait osé admirer le moyen-âge, et si nous remontions aux premiers jours où notre siècle s'éveilla à la justice et à l'intelligence de nos ancêtres, nous rencontrerions Châteaubriant. Mais jusqu'à M. de Caumont, le moyen-âge était admiré de loin et sur parole. Bien entendu que nous ne parlons pas de la foule des romanciers et des poètes qui ont exploité le moyen-âge, et qui l'auraient compromis s'il avait pu l'être ; nous parlons des hommes sérieux, des hommes de science, de pratique et d'étude. M. de Caumont, et c'est là sa gloire, est le premier qui, par ses ouvrages, par ses congrès de savants et par son incessante activité, ait appelé l'attention de la France sur les monuments du moyen-âge. Ce que M. de Caumont a fait pour l'art chrétien dans le domaine de la science pure, M. de Montalembert l'a fait dans le domaine de la science hagiographique, de la poésie et de la piété. M. de Caumont avait intéressé l'esprit du savant, M. de Montalembert intéressa le cœur du chrétien. Qui ne connaît ses livres admirables, sa *sainte Elisabeth* où se trouvent condensés toute la piété tendre et forte, toute la poésie naïve et pure, tout l'enthousiasme chevaleresque et religieux du moyen-âge? Qui ne connaît son *vandalisme et catholicisme dans l'art*, où tour à tour éclate la verve de l'indignation pour les pratiques de nos modernes bâtisseurs, et l'admiration sympathique pour les œuvres de l'art chrétien? Qui n'attend avec impatience ces grands ouvrages pour lesquels M. de Montalembert a engagé son beau talent vis-à-vis de la France et de la postérité, son *Histoire de St-Bernard*, dont quelques fragments échappés annoncent un chef-d'œuvre ; et son *Histoire de la Renaissance*, où l'art chrétien sera vengé et glorifié comme par nul autre? M. de Montalembert a ouvert la voie pleine d'attraits et de charmes à tous ces hagiographes qui rivalisent avec lui, sinon de talents, du moins d'amour et de vénération pour les saints et les monuments du moyen-âge. Tout après M. de Montalembert, vient M. Rio, dont l'admirable étude sur la *peinture chrétienne* des écoles de l'Italie au moyen-âge, comme *forme de l'art*, n'est sans doute qu'une partie de ce grand ouvrage sur *la poésie chrétienne* que M. Rio nous fait attendre : nul mieux que lui ne saurait traiter un pareil sujet, avec une plus parfaite intelligence du sentiment chrétien, avec une plus intime connaissance de ces siècles et de ces hommes que l'on ne comprend guère, si l'on ne croit comme eux, si l'on n'a vécu, prié, aimé avec eux.

A un point de vue plus pratique, mais non moins élevé, savant et artiste à la fois, praticien par la main et poète par le cœur, M. Didron active, dirige ce mouvement, et le fait aboutir sans relâche à des résultats positifs, à des œuvres pleines de vie et d'originalité. Au moyen des *Annales archéologiques*, qu'il dirige et qu'il remplit avec quelques collaborateurs choisis de sa science et de son activité, il donne à l'art régénéré un corps de doctrine, et en même temps il élève une magnifique encyclopédie où l'art du moyen-âge vient se refléter dans tous les rayons de sa beauté si multiple et si variée, et où il offre aux yeux et à l'esprit les types d'un beau style chrétien :

architectes et sculpteurs, verriers et émailleurs, fondeurs et graveurs, carreleurs et ornemanistes, artistes de tous genres qui veulent employer leur talent, leur génie, à glorifier Dieu, l'Église et la France, peuvent y puiser des modèles et des types, des principes et des conseils. A côté des *Annales archéologiques,* se placent, tant pour la science que pour l'influence; les *mélanges d'archéologie, d'histoire et de littérature* rédigés et recueillis par les révérends pères Charles Cahier et Arthur Martin, les célèbres auteurs de la *Monographie de la cathédrale de Bourges:* les savants jésuites écrivent les plus curieux mémoires sur les ivoires, les étoffes, les bestiaires du moyen-âge, et surtout sur l'éclairage des églises, offrant ainsi à notre époque des œuvres à admirer et à imiter.

Après ces deux savantes publications, qui mènent de front le mouvement archéologique, viennent se placer d'autres publications qui se chargent de remettre en lumière et en honneur quelques branches particulières de l'art du moyen-âge. Telles : *L'Architecture civile et domestique au moyen-âge et à la renaissance,* par Amar Verdier, architecte, et par le docteur F. Cattois; *l'Architecture du ve au xvie siècle, et les arts qui en dépendent,* par Jules Gailhabaud; *Le Moyen-âge et la renaissance en Europe,* par Paul Lacroix et Ferdinand Seré; *L'Encyclopédie d'architecture,* par les architectes Victor Cailliat et Adolphe Lance; *Le Portefeuille archéologique* de Ad. Gaussen; et à leur suite tous ces mémoires, bulletins, recueils des sociétés d'archéologie répandues sur toute la surface de la France ; publications pleines de faits curieux, de savantes recherches, et qui toutes aboutissent à la réhabilitation de l'art chrétien de nos pères. A ces efforts collectifs se joignent les efforts particuliers et les œuvres spéciales de savants artistes, hagiographes, monographes, traducteurs, éditeurs d'œuvres anciennes, tous admirateurs de ce moyen-âge qui réalisa dans toutes ses œuvres le type du beau chrétien. Il faudrait citer une nomenclature infinie ; nommons seulement quelques-uns des plus importants : Le *Manuel d'Iconographie chrétienne*, de M. Didron ; le *Guide de peinture* exporté du mont Athos, traduit et annoté par l'infatigable archéologue ; le *Moine Théophile*, traduit par M. le comte de l'Escalopier ; l'*Architecture monastique*, de M. Albert Lenoir ; l'*Architecture byzantine en France*, de M. Félix de Verneilh ; l'*Histoire de la Peinture sur verre*, de M. Ferdinand de Lasteyrie ; l'*Histoire de l'Harmonie au moyen-âge*, par M. de Coussemaker ; l'*Abécédaire*, ou *Rudiment d'archéologie*, de M. de Caumont ; le *Manuel d'épigraphie*, de M. l'abbé Texier : livres savants où l'on peut étudier et admirer le moyen-âge sur la foi d'une science nourrie d'études et libre de préjugés.

A la suite de ces hommes, qui remuent les idées, viennent les hommes qui remuent la matière, manient les instruments de l'art et travaillent, sous la direction des idées nouvelles, à la restauration de l'art chrétien. En ce moment, plus de deux cents églises, cathédrales, paroissiales ou chapelles, sont en construction ou en réparation, toutes sur des types anciens, depuis le byzantin oriental de Saint-Front de Périgueux jusqu'au gothique nouveau du Sacré-Cœur de Moulins. Les architectes abandonnent peu à peu les errements païens de l'académie des beaux-arts pour étudier et pratiquer notre architecture nationale sur les pas de MM. Viollet-Leduc et Lassus, architectes éminents qui ont restauré avec tant de science et de goût Notre-Dame de Paris et la Sainte-Chapelle. Dans la hiérarchie artistique, après les architectes viennent les sculpteurs, comme MM. Eugène Bion, l'éminent sculpteur des statues de la chapelle du Saint-Sacrement, à Arras; Dusseigneur, l'énergique sculpteur du groupe de Saint-Michel; Froget, qui sculpte une statue de saint Joseph comme aurait fait le plus habile tailleur d'images du XIIIe siècle : comme M. l'abbé Choyer, qui ouvre dans l'Anjou un atelier de sculpture et de menuiserie pour les meubles d'église, et fonde une école à l'instar des moines du moyen-âge.

Viennent les peintres, qui commencent à délaisser la peinture sur toile, peinture de musée et de salon, pour la peinture sur mur, peinture moins indépendante et plus forte, moins finie et moins bruyante, mais plus religieuse et vraiment monumentale. Que d'artistes sérieux et chrétiens se pressent dans les voies nouvelles de la renaissance mystique! Il y a déjà vingt ans, Victor Orsel, de pieuse et de regrettable mémoire, inaugurait l'art chrétien renaissant sur les murs de la chapelle de la Vierge, à Notre-Dame-de-Lorette, aidé de M. A. Porin, qui, plus heureux que lui, a pu achever son œuvre forte et pieuse dans la chapelle du Saint-Sacrement de la même église. A la suite, viennent M. Hippolyte Flandrin, dont le magnifique pinceau a orné de peintures murales, d'une noble et chrétienne inspiration, le chœur et le sanctuaire de St-Germain-des-Prés, la frise de l'intérieur de Saint-Vincent-de-Paul; M. Delorme, dont le pinceau suave a écrit les *Litanies de la Vierge* dans la chapelle de Marie à Saint-Gervais; MM. Signol et Murat, qui ont décoré St-Séverin, et M. Heine la chapelle des Ames-du-Purgatoire à St-Sulpice; M. Amaury Duval, dont le pinceau tout chrétien a raconté en suaves contours et en brillantes couleurs la légende de Sainte-Philomène dans l'église de St-Méry. Il en est d'autres encore qu'il faudrait citer, entre autres MM. François Benauville, Michel Dumas et Emile Lafon, qui régénèrent la peinture sur toile, et demandent au moyen-âge leurs plus belles inspirations. Les verriers deviennent moins *artistes* pour devenir un peu plus *chrétiens*, moins indépendants et novateurs pour mieux étudier les procédés du moyen-âge et en mieux pratiquer les inspirations. Mais, en attendant que la plupart des fabricants de vitraux subordonnent leur industrie et leur talent à l'art sérieux et chrétien, la peinture sur verre compte de remarquables artistes chrétiens. Henri Gérente, dont l'art religieux pleure encore la perte, et dont les belles verrières allaient jusqu'en Angleterre orner les cathédrales somptueusement restaurées; M. Steinkeil, qui a dessiné les cartons de vitraux de la Sainte-Chapelle, et qui, d'un talent égal, écrit sur mur comme sur verre d'admirables compositions; M. Claudius Lavergne, qui sait à quelle source divine puiser d'ardentes et pieuses inspirations, et qui fournit des pages suaves et éclatantes à la fabrique de vitraux peints que dirige M. Didron, fabrique toute nouvelle, mais qui a déjà produit des verrières pleines de science et d'éclat, de poésie et de piété.

Viennent les verriers, nombreux et habiles, rivalisant dans leurs œuvres d'éclat et de beauté, et qui commencent à reproduire, par les procédés modernes, le ton, la couleur, l'expression, la sobre et éclatante poésie des vitraux anciens; les peintres, dont quelques-uns s'inspirent à l'école des vieux maîtres chrétiens, qui, ainsi que nous l'avons dit, commencent à délaisser la peinture sur toile, peinture de musée et de salon, pour la peinture sur mur, peinture moins bruyante et plus monumentale, moins indépendante et plus religieuse; — viennent les orfèvres, les bronziers, les ciseleurs et les fondeurs, parmi lesquels on peut citer MM. Placide Poussielgue, Thierry et Villemsens, qui s'inspirent des belles formes du gothique ; — viennent les carreleurs et les dalleurs : puis, à la suite, viendront les tisseurs et les ornemanistes de toute matière et de toute forme, qui finiront sans doute par substituer aux formes sèches et étriquées des meubles d'église et des ornements sacerdotaux, tels qu'on les fabrique aujourd'hui, les formes larges, souples et gracieuses, telles que les dessinait le moyen-âge.

Il n'est pas jusqu'aux suaves mélodies qui retentissaient autrefois dans nos églises gothiques qui n'aient retrouvé leur écho, endormi depuis plus de trois siècles, sous les ogives redorées de la Sainte-Chapelle. Les chants du XIIIe siècle, traduits et publiés, par M. Félix Clément, sous le nom de *Chants de la Sainte-Chapelle*, sont venus prouver que, dans le vaste domaine de l'art, il n'était pas une puissance de l'homme que le moyen-âge n'eût marquée de son empreinte de pieuse et chaste beauté ; en même temps, ils ont aidé à la réhabilitation du plain-chant et à la restauration de ces mélodies grégoriennes trop oubliées et dont les chants de la Sainte-Chapelle ne sont qu'un mode plein de grâce et de fraîcheur. Enfin, pour compléter la réhabilitation de l'art jusqu'en ses extrêmes limites, là où il touche aux confins de la science, un écrivain savant et courageux a osé proclamer que la littérature chrétienne de nos siècles de foi était incomparablement supérieure à la littérature païenne ; la langue de nos docteurs, liturgistes et mystiques, plus claire, plus énergique, plus riche et plus belle que la langue des historiens orateurs et philosophes du paganisme; la prose de saint Bernard et de saint Thomas, d'un ordre bien supérieur à la prose de Tite-Live et de Cicéron ; la poésie de saint Bonaventure et d'Adam de Saint-Victor, d'une inspiration, d'une harmonie et d'une suavité bien autres que celles de la poésie de Virgile et d'Horace. Oui, cela a été dit, discuté, prouvé ; et si quelques bons esprits s'en sont effarouchés et scandalisés, le pieux et courageux écrivain n'en a pas moins trouvé d'éminentes sympathies et de nobles encouragements; et cette opinion, paradoxale hier, n'est bientôt plus tout à l'heure ni si étrange ni si scandaleuse; dans vingt ans, elle sera l'opinion courante du siècle et le jugement de la postérité.

Pour résumer cet immense travail de réhabilitation de l'art chrétien sous toutes ses formes et dans toutes ses inspirations, nous ne pouvons mieux faire que de citer les paroles suivantes de M. de Montalembert : « Certes, il ne s'agit pas de ressusciter le moyen-âge : on le sait bien, et ceux qui nous opposent cette niaise appréhension le savent mieux que personne. Ce serait aussi impossible que de refaire l'*Iliade*, et aussi inutile que de recommencer le siége de Troie. Mais ce qui est possible, mais ce qui est utile, mais ce qui se fait et se fera de plus en plus, c'est de ressusciter les sentiments de justice, d'admiration et d'amour que méritent les grands hommes et les grands saints que le catholicisme a inspirés, les grandes institutions que le catholicisme avait imprégnées de son esprit, les incomparables monuments que le catholicisme a fait jaillir du sol de l'Europe ; c'est de puiser dans cette étude du passé la force nécessaire pour tenir tête aux adversaires présents et futurs de l'Église, avec la résolution d'élever et de maintenir le niveau des courages catholiques à la hauteur du cœur de nos pères. Voilà, qu'on le sache bien, ce que nous voulons ressusciter, et rien de plus, parce que cela suffit à tout !... L'art a suivi l'impulsion donnée par l'histoire, et l'a même dépassée. Toute une génération de jeunes archéologues, sortis des rangs du clergé comme de ceux des artistes, est descendue dans la lice pour arracher les sanctuaires de la foi au vandalisme, pour les sauver, les restaurer, en pénétrer les plus secrètes beautés. Bien plus, le sol se couvre partout de nouvelles églises, construites sur le modèle des édifices consacrés par la piété catholique du XIe au XIVe siècle : les règles et les produits de l'art chrétien sont étudiés avec le soin le plus scrupuleux et le plus attentif. Ce que le siècle dernier consacrait d'enthousiasme et de sollicitude aux débris de la corruption païenne déterrés à Pompéie et à Herculanum, nous le consacrons aux merveilles de la foi du moyen-âge, ensevelies sous la lave dévastatrice du paganisme moderne. La renaissance de l'art chrétien triomphe en Angleterre, où cinquante églises ogivales conserveront à la postérité l'empreinte de la féconde imagination du regrettable Pugin. Elle gagne chaque jour, en France, le terrain qu'envahit la persévérante activité de M. de Caumont et de M. Didron. En Allemagne, grâce au pieux génie d'Owerbeck et de ses disciples, elle enfante une école de peinture dont les œuvres rivaliseront avec les plus suaves produits du pinceau de Fra Angélico et du Pérugin. Elle commence même à étendre son influence jusque sur le sol, encore rebelle, de l'Espagne et de l'Italie. La liturgie, source des plus pures inspirations de l'art, trésor inexploré de la plus haute poésie, et avant tout inépuisable aliment de la piété orthodoxe, échappe, par un secours inespéré, au danger dont la menaçait l'esprit d'innovation et de localité (1). »

Admirable mouvement de réparation et de justice, de respect et d'amour pour nos ancêtres, les saints, les docteurs, les artistes, les poètes du moyen-âge. L'art chrétien est connu, vengé, admiré sous toutes ses faces, imité même dans toutes ses formes; mais cela ne suffit pas, et il doit reprendre une vie propre et féconde pour recommencer une nouvelle période de prédication, de glorification et de louange. Comme ce tronc desséché, dont parlent nos livres saints, qui reprend la vie au bord des eaux courantes et se couvre d'une nouvelle verdure, l'art chrétien, vivifié par la foi, doit refleurir pour la plus grande

---

(1) *Des inst. cath. au* XIXe *siècle,* ch. II.

gloire de Dieu et de sa sainte Mère. Voyons ce qui pourra lui donner cette vie et cette fécondité.

Et d'abord l'art a un double mouvement à accomplir, au dedans et au dehors de lui. Au dedans, mouvement de concentration et de coordination ; au dehors, mouvement de soumission et de subordination. L'art doit rassembler ses membres épars et désunis, se concentrer en lui-même, s'organiser, se coordonner. Il se sépara de l'Église, de cette illumination supérieure qui lui révélait ses plus beaux types et ses plus suaves inspirations : la même révolte qui brisa ce lien hiérarchique, brisa aussi le lien qui unissait en un toutes ses branches. Au lieu d'un faisceau plein de force et d'éclat, d'une gerbe pleine d'ordre et d'harmonie, on eut des branches séparées, dont les unes languirent, et les autres prirent un développement monstrueux ; des épis désunis, les uns inféconds et stériles, les autres surchargés et se penchant vers la terre par exubérance de vie. En un mot, au lieu d'un art, on en eut autant que de formes à reproduire, que de procédés à exploiter. Au lieu de concentrer ses efforts et son génie vers un but élevé, l'artiste les dépensa pour des frivolités ou des infamies. Du reste, cette horreur de l'unité, nous l'avons portée dans tout le domaine de l'intelligence et de l'activité humaines ; nous avons partout rompu la hiérarchie, partout proclamé l'indépendance, laquelle a partout amené l'anarchie. Or, il faut que l'art se reconstitue et se synthétise. L'architecture, science et poésie, art et inspiration; l'architecture, forme la plus vaste et la plus puissante de la pensée et de la prière, doit être le sommet et comme le point culminant de l'art. L'architecture elle-même doit trouver son expression la plus complète dans la cathédrale, tabernacle de Dieu, type visible et symbolique de l'éternel sanctuaire qui doit réunir les adorations de toute créature.

C'est donc autour de l'architecture, au sein de la cathédrale, que doivent se ranger et se coordonner les différentes formes de l'art; et ces formes doivent prendre leur place, tenir leur rang en haut ou en bas de cette synthèse artistique et religieuse, selon leur plus grande affinité avec la forme souveraine de l'architecture. C'est ici surtout que l'esprit chrétien est nécessaire, esprit d'humilité et de subordination; esprit d'ordre et de fécondité. Au lieu d'éparpiller vos statues sur nos places publiques, où elles grelottent de froid sous la pluie et la neige, étagez vos images taillées dans les voussures profondes des portails, rangez-les en saintes cohortes sur les galeries et dans les édicules; là, elles seront à leur place: la représentation humaine ne doit pas être faite pour s'offrir à la contemplation des passants et concentrer sur elle-même les regards et la pensée. C'est sans doute une idée païenne d'isoler ainsi la forme humaine des lignes sévères de l'architecture, et de l'étaler aux regards. Au lieu de ces toiles qui encombrent nos musées et rompent tumultueusement les lignes intérieures et le recueillement de nos églises, répandez sur les murailles du saint édifice les chœurs inspirés de vos pieuses images qui nous feront prier avec elles, au lieu de solliciter pour elles seules le regard et l'admiration. « L'art monumental ne prendra jamais cet essor qui nous émerveille dans les productions des périodes classiques, tant que sera reconnue la prétention qu'affiche le pinceau de dominer partout. Cette interversion de l'ordre hiérarchique des différentes branches de l'art est un des symptômes les plus menaçants de la décadence. Ainsi, dans le corps social, c'est l'indice d'une maladie grave, quand les intérêts matériels l'emportent sur les intérêts moraux, ou le raisonnement sur l'idée. Avant tout, l'architecture doit être *restaurée*, remise en possession de son pouvoir légitime; il faut que toutes les branches de l'art y puisent leur vie et leur esprit. Parties d'un tout, de leur nature, elles doivent se concentrer dans l'architecture comme celle-ci se résume dans le monument religieux, dans le temple (1). »

Une fois accomplie cette réorganisation intérieure de l'art, et elle est nécessaire, urgente, sous peine de perdre une somme immense d'intelligence et d'activité, sous peine de compromettre la restauration de l'art chrétien; une fois rentré dans son unité,

(1) Aug. REICHENSPERGER. *Ann. Arch.*, tom. IX, p. 339.

l'art doit rentrer sous le domaine de l'Église et l'inspiration de la théologie. Oui, sans doute, de la théologie, car elle est la science divine du surnaturel; elle est le rayonnement de cette illumination supérieure à laquelle empruntent leur lumière et rapportent leur reflet les illuminations inférieures de l'art et de la science. Il doit être compris maintenant que l'art ne peut-être abandonné à son indépendance, qu'il ne peut être à lui-même son but et sa raison d'être. Quel sera le but de l'art chrétien, sinon d'être une formule d'adoration et de prière? Or, comment adorerait-il s'il ne sait quel est le Dieu qu'il faut adorer? Comment prierait-il s'il ne croit, n'espère, n'aime avec nous et comme nous? L'Église a été long-temps la maîtresse et la souveraine de l'art chrétien. Pour illuminatrice, l'Église lui a donné la théologie. A son tour, la théologie lui a fourni des types divins, des idées surnaturelles, des rapports entre le créateur et la créature impossibles à deviner sans elle; elle lui a ouvert les profondeurs du monde invisible et les mystères du cœur humain; elle lui a révélé une beauté que l'art païen ne pouvait connaître et que l'homme seul n'aurait jamais pu rêver, une beauté qui rayonne de l'intérieur comme la lumière d'une lampe et le parfum d'une fleur, une beauté qui est un reflet de l'éternelle beauté de Dieu : *la sainteté*.

Si l'art chrétien veut reprendre sa vie et son originalité, s'il ne veut pas rester éternellement une imitation et un pastiche ; si, au lieu d'étudier les monuments du moyen-âge pour les copier plus ou moins habilement, il veut les comprendre pour s'en inspirer ; s'il veut redevenir enfin un art vivant, il faut qu'il se remette sous la forte discipline de la théologie. Qu'on ne s'y trompe pas, les monuments gothiques qui se multiplient de nos jours ne procèdent guère de cette vie intérieure et féconde qui fait qu'un monument, une œuvre d'art sont créés, non copiés et imités. Sans doute, on y découvre de la science et de l'étude, de la patience et de l'habileté ; mais bien rarement cette spontanéité créatrice, qui est la sève de l'art. Sans doute, ces monuments se tiennent debout sur le sol, mais seulement d'après les lois de la statique ; ils sont posés à terre, mais ils n'ont pas germé dans le sol chrétien ; ils n'y tiennent pas par ces racines mystérieuses et profondes qui vont chercher les sucs de la sève dans l'âme et le cœur de tout un peuple, et qui sont la germination de l'esprit animant et vivifiant la matière. En un mot, ce sont des monuments d'imitation, non d'inspiration. « Le charme mystérieux de l'architecture gothique, dit excellemment M. Reichensperger, ne consiste nullement dans l'assemblage de certains types et figures pittoresquement groupés. L'essentiel est cette harmonie de toutes les parties, laquelle procède d'une loi et d'une mesure fondamentale ; c'est cet enchaînement obéissant dans toutes ses variations à un principe invariable ; c'est cette évolution, pour ainsi dire, naturelle et organique d'un seul germe. Tant que nos architectes ne parviendront pas à approfondir par les études comparatives les plus sérieuses cette philosophie, passez-moi le mot, de l'architecture chrétienne, dont les lois sont tout aussi positives que celles de l'harmonie et de la composition musicales, avec lesquelles elles offrent les analogies les plus frappantes; tant qu'ils ne feront que tâtonner et combiner au hasard les membres de différents corps, nous n'aurons pas franchi le seuil de cette science, dont heureusement le secret n'a pu être enterré avec les anciens maîtres, parce qu'ils l'avaient déposé dans leurs créations sublimes (1). »

Ce que l'éloquent conseiller de Cologne appelle la philosophie de l'architecture chrétienne, et ce que nous nous permettrons d'appeler la théologie de l'art chrétien (du reste, entre catholiques, philosophie et théologie se touchent et s'embrassent), voilà ce qui manque à nos artistes, à la plupart du moins; car il y a des exceptions qui ne manqueront pas de s'étendre chaque jour et de se révéler par des œuvres profondément originales et chrétiennes. On n'est pas assez convaincu de l'importance et de la dignité de l'art chrétien. Dans l'Église, la prédication de l'évangile et la dispensation des sacrements ne s'exercent qu'après des études théologiques, qui, chaque jour,

(1) *Ann. Arch.* IX, pp. 342-43.

s'étendent et s'approfondissent davantage. L'art est une prédication des vérités éternelles, lui aussi ; c'est un moyen naturel de dispenser des grâces, moyen dont l'Église se sert et que Dieu bénit. Or, pour exercer le ministère de l'art, ce sacerdoce des sacrements plastiques, il faut connaître les vérités qu'on est chargé d'annoncer, posséder les grâces qu'on veut communiquer ; il faut encore avoir reçu mission de l'Église. Ainsi, tout artiste chrétien qui se dispose à l'exercice de ses fonctions sublimes devrait faire de fortes études théologiques ; non-seulement pour éviter ces hérésies, ces contre-sens théologiques, ces inconvenances dont nos églises sont encombrées, mais encore pour entrer en participation de l'esprit chrétien, qui doit animer toutes ses œuvres, mais pour avoir en lui-même une source de vie divine et d'inspiration surnaturelle. La pureté du cœur et la force de l'intelligence ne suffisent pas ; il faut la science des choses divines, le rayon de cette illumination supérieure qui est au-dessus du rayon du génie, et que le rayon du génie ne peut suppléer. De plus, avons-nous dit, l'artiste doit être agréé, *envoyé* par l'Église ; mais cette pensée se rattache à une considération que nous allons toucher tout à l'heure.

L'absence d'études théologiques donne aux œuvres d'art une uniformité, ou plutôt un manque d'expression qui peut se remarquer partout où la piété ardente et éclairée de l'artiste n'a pas suppléé en quelque chose la science des invisibles. Les œuvres d'art produites dans ces conditions manquent à peu près d'*inspiration*, de cette inspiration qui vient du dedans, comme d'une source abondante. Souvent, avec des formes irréprochables copiées sur les plus beaux types de l'art chrétien, disposées avec infiniment d'art, éclatantes même de génie, elles n'ont pas ce rayonnement intérieur qui est *la beauté de la fille du roi*, la véritable beauté chrétienne. Ce sont de belles fleurs, riches de couleur et de forme, mais vides de parfums. Dans notre siècle étrange, où tout a été remué, bouleversé, pulvérisé, nous avons retourné le principe du moyen-âge. « L'unité dans la variété, voilà le grand principe de l'architecture catholique, comme du catholicisme en général, principe qui n'est jamais et nulle part impunément violé (1). » Unité dans les types et variété dans l'expression, ainsi l'entendait et le pratiquait le moyen-âge : variété dans les types, unité, ou plutôt uniformité, nullité dans l'expression, voilà comme l'entendent et le pratiquent nos artistes modernes.

Mais pour opérer dans l'art cette réorganisation intérieure qui doit rattacher toutes ces branches à l'architecture, la forme la plus large et la plus profonde que puisse revêtir l'esprit humain, ne faudrait-il pas un homme de génie, un de ces domina-

---

(1) *Ann.* IX, p. 347.

teurs qui s'emparent de l'art et de la science comme d'une conquête, les marquent à leur image et les entraînent dans la direction de leur esprit? Un homme qui fut à l'art chrétien ce que saint Thomas fut à la théologie, un génie puissant et synthétique, pour étreindre dans sa force et fondre dans une unité féconde l'art aujourd'hui morcelé? En attendant que vienne ce génie régénérateur, il est un moyen plus simple, plus infaillible et tout à notre portée. Que l'Église recouvre sa liberté, et l'art chrétien sera bientôt régénéré. Ici, il n'est pas besoin d'une longue démonstration pour prouver que la restauration de l'une doit amener la restauration de l'autre. Indigente et dépouillée, chargée de liens et d'entraves, mise hors la loi par la société laïque, ne pouvant plus posséder en propre, ou du moins disposer librement de ses biens, trouvant les empiétements de l'état partout où elle veut poser le pied ou porter la main dans le domaine temporel de Dieu, son père, et du Christ, son divin époux, l'Église ne peut fournir à l'art ni l'indépendance ni les ressources dont il a besoin. On a retourné contre elle, comme une hypocrite et sacrilége usurpation, ces divines paroles *que son royaume n'est pas de ce monde* : aussi elle n'a plus de trésors à offrir à l'art chrétien, plus de protection efficace, plus de conseil, plus de direction, de souveraineté. Comme autrefois, elle ne peut lui permettre de déployer son vol aussi large et aussi haut qu'il voulait, lui communiquant librement, avec ses inspirations et ses grâces, ces ressources matérielles, ces somptuosités que l'Église savait si bien prodiguer à l'art et aux pauvres, revêtant ainsi, avec une égale splendeur, et vénérant avec un égal amour, et les membres vivants de Jésus-Christ, et les temples où il fait ses délices d'habiter parmi les hommes. Aussi, depuis que les ressources de l'Église lui manquent, l'art, de populaire et de chrétien qu'il était, est devenu aristocratique et païen : pour vivre, il s'est fait le serviteur des grands, le valet des forts et le flatteur des riches, perdant ainsi et sa dignité, et son indépendance et son inspiration. Tandis que, sous la direction de l'Église et sous son patronage vénéré, l'art gardait toute la fierté de son caractère en gardant la pureté de ses inspirations ; trouvait en elle la vie et la vérité, la gloire même : non, il est vrai, comme on l'entend communément, une réputation éphémère, mais une admiration de sympathie et de charité, de reconnaissance et de prière dans la communion des saints. Les artistes doivent le savoir maintenant, comme, du reste, tous ceux qui se sont affranchis de la tutelle de l'Église, peuples et rois, individus et sociétés, il n'est pas de puissance comme la sienne, qui ennoblisse ceux qui s'y soumettent ; car il n'est pas d'autorité noble et douce, pure et sanctifiante comme celle d'une mère.

Qui donc pourrait remplacer pour l'art cette protection efficace, ce fécond patronage, cette autorité maternelle ? L'état ? On l'a cru de nos jours ; mais l'état peut à peine donner quelques gratifications, dépenser quelques secours, souvent au gré du caprice ou de la faveur. Sans doctrines, sans croyances, il ne peut rien inspirer, il peut à peine commander. Aux pauvretés qui le harcèlent, aux médiocrités qui l'assaillent, il jettera quelques aumônes du budget. Il pourra parfois récompenser le mérite, encourager le talent ; il ne pourra rien pour le génie, rien pour la dignité de l'art, rien surtout pour la restauration, la vie et l'inspiration de l'art chrétien. Qu'on le sache bien, l'état, avec les meilleures intentions, peut bien imprimer un mouvement factice d'expansion et de développement, rémunérer quelques services domestiques ou publics, réparer quelques monuments, subvenir à quelques indigences ; mais il ne peut rien inspirer de grand, rien élever de durable, rien créer d'original. Il faut à l'artiste l'indépendance de son art ; à l'art, le patronage de l'Église ; à l'Église, la liberté. « Quoique au premier regard il puisse paraître que l'art suit une marche assez indépendante des institutions et des mouvements politiques, attendu que la théocratie, l'aristocratie, la démocratie, et même le despotisme ont vu et fait fleurir ses différentes branches ; cependant, une étude plus approfondie nous montre que les mêmes sources, les mêmes canaux souterrains abreuvent toutes les productions d'une période historique. Il y a mieux, c'est principalement par les productions de l'art qu'on reconnaît si les idées créatrices ou les causes destructives prédominent; si c'est la vérité ou le mensonge qui règne. La beauté morale est le fond de toute vraie beauté; le vrai, le bon et le beau ne sont que des rayons différemment colorés du même soleil. Seulement il ne faut pas se laisser égarer par les apparences. La décadence brille quelquefois des couleurs les plus séduisantes; l'éclat emprunté et factice des périodes d'Hadrien et des Médicis, comme la superfétation de notre temps en tableaux de tout genre, en cabinets, musées, galerie, expositions, concours, etc., sont à mes yeux autant de symptômes de stérilité et de faiblesse; c'est, pardonnez-moi cette expression vulgaire, le commencement de la fin, sinon déjà la fin elle-même. C'est le triomphe de l'analyse sur la synthèse, de l'anarchie sur l'autorité, de la confusion sur l'unité et l'harmonie (1). » Ainsi parle, avec cette intelligence profonde que donne un beau talent éclairé par la foi, le savant Allemand que nous avons déjà cité. En restreignant à notre sujet ces considérations qui portent plus loin, il ne faut pas que l'art chrétien s'y trompe, le patronage de l'état ne pourrait que lui créer une domesticité brillante où il perdrait son indépendance et sa dignité; où il s'épuiserait en œuvres de toute sorte, sans vie et sans inspirations. Hâtant ainsi sous les dehors

(1) *Ann.* IX, pp. 336-37.

d'une apparente fécondité son abaissement et sa décadence.

Une autre conséquence qu'amènerait son patronage libre et généreux, c'est que l'Église pourrait mieux veiller, et plus efficacement, sur la valeur et la convenance des œuvres de l'art chrétien. De nos jours, les représentations pieuses, les images de dévotion et tous ces objets de piété qui devraient exprimer, sinon avec talent, du moins avec convenance le sentiment chrétien, sont abandonnés à des industries subalternes qui trafiquent de l'ignorance ou de la simplicité, pervertissent le goût, affadissent la piété et quelquefois même insultent aux dogmes et aux sentiments chrétiens. Dès lors, l'art n'est plus une prédication, une pieuse et profonde communication du monde mystique avec le monde matériel, ce n'est plus qu'une industrie et un métier, un grossier commerce d'objets de dévotion, où l'esprit ne saurait trouver de lumière, le cœur d'onction, la foi d'enseignement, la piété de tendresse. L'Église libre, puissante et respectée, aurait son contrôle sur tous les produits de l'art, quelque inférieurs et secondaires qu'ils fussent, comme elle a son contrôle sur la prédication de la parole et sur l'enseignement écrit. Étrange siècle que le nôtre, qui confond toutes les notions de bien et de mal, de liberté et d'autorité, d'anarchie et de despotisme; qui ne reconnaît aucune loi pour la pensée et qui s'alarme du débordement des crues; qui mettrait volontiers la main de la police sur toutes les productions de l'intelligence et de l'activité humaines, et qui n'y saurait voir sans effroi la direction et le contrôle de l'Église! Il y a là pour l'art chrétien un danger sérieux et que l'Église seule peut conjurer : la renaissance catholique peut expirer sans résultat contre la perversion du goût, et ce qu'on appelle la concurrence du bon marché. Ainsi, ce n'est qu'en se remettant sous le joug salutaire et doux de l'Église que l'art retrouvera sa dignité et son indépendance, sa puissance et sa fécondité.

Dans ce travail de réorganisation à l'intérieur et de subordination à l'extérieur, où l'art chrétien peut seulement retrouver la vie, l'Église doit être puissamment secondée par les ordres religieux. Nous l'avons vu, les moines, durant tout le moyen-âge, ont exercé le ministère de l'art, l'ont élevé à la dignité de prédication, l'ont nourri de mysticisme, et l'ont fait épanouir dans tout l'éclat et la pureté de ses formes spiritualisées. Il en doit être de même aujourd'hui, si l'art veut reprendre son rang et sa mission dans l'Église. C'est à l'ombre des cloîtres que se formeront ces écoles que nous n'avons plus et qui seules peuvent transmettre les inspirations, mûrir et diriger les talents, perpétuer les types et les traditions; c'est là que se reformera cette unité de l'art qui doit le sauver de la décadence et de la ruine; c'est là surtout que peuvent se faire ces fortes études théologiques et liturgiques sur le symbolisme et le mysticisme, qui pénètrent toutes les œuvres inspirées par l'Église et qui doivent être la moelle et la sève divine de l'art chrétien régénéré ; c'est là que l'esprit s'illumine de clarté, le cœur fleurit aux pieds des autels et le corps se transfigure par la pénitence et la pureté. « Vos saints, ô Seigneur ! fleuriront comme le lis, et ils seront comme l'odeur du baume devant vous (1). »

C'est à dessein que nous insistons sur les services que les moines ont rendu à l'art chrétien et sur ceux qu'ils sont appelés à lui rendre, car là est toute la régénération de l'art. Le moine est merveilleusement bien préparé pour exercer et pratiquer l'art chrétien comme un pieux sacerdoce de poésie et d'inspiration. Il s'est donné tout entier au Seigneur, comme se donnent les âmes généreuses, sans rien se retenir ; il s'est donné avec la fleur de son âge, avec toutes les ardeurs de son cœur et toutes les aptitudes de son esprit ; il s'est donné à tout jamais, pour le temps et pour l'éternité ; et Dieu répand sur lui toutes ses grâces, toutes ses lumières, toutes les révélations de son amour. Il s'est donné non-seulement à Dieu mais à ses frères ; il s'est fait victime de charité, pénitent public à l'imitation de l'agneau de Dieu qui porte les péchés du monde ; et il met ainsi aux pieds de notre Seigneur et de notre Dame, au service de l'Église et de ses frères, tous les talents,

---

(1) *Ant. Laud. off. Marty. temp. pasch.*

toutes les grâces qui tombent du ciel dans son âme toute ouverte aux inspirations d'en haut. Un jour sans doute, il nous apparaîtra, l'artiste inspiré, avec sa figure amaigrie, encadrée des plis de son capuce et nimbée de la couronne monastique, avec ses sandales aux pieds et son scapulaire aux épaules; il nous apparaîtra avec le feu de son regard trempé des larmes de la prière, avec le suave pli de sa bouche souriante ou méditative, avec sa joue creusée par la mortification et son front transparent et lumineux; il nous apparaîtra comme un ressuscité du moyen-âge, comme un frère de Fra Angélico, comme un contemporain de saint Thomas et de saint Bonaventure, il nous apparaîtra projetant dans les airs l'arc élancé de ses ogives, taillant la pierre ou le bois pour en tirer des formes suaves, traçant avec son pinceau le profil de ses visions angéliques, modulant avec ses prières des mélodies d'une indéfinissable onction.

Voilà bien sans doute l'idéal de l'art chrétien, l'idéal de la beauté et de la sainteté; voilà cette renaissance mystique de l'art et de la poésie que nous cherchons dans nos études et nos admirations du passé, et dans les strophes endormies de nos grands poètes mystiques, et dans les feuillets inexplorés de nos vieux manuscrits et miniatures, et dans l'élancement des ogives épanouies, et dans les chants liturgiques dont l'écho se réveille sous les arceaux gothiques. Descendez donc, fils d'Élie le prophète ou de Benoît le thaumaturge, fils de François le séraphique ou de Dominique l'apostolique ; descendez des pentes sacrées du Carmel ou des cimes inspirées du mont Cassin, sortez de Notre-Dame des Anges ou de Notre-Dame de Prouille ; venez prendre par la main ce pauvre art chrétien ressuscité qui s'agite dans son tombeau entr'ouvert pour se délivrer de ses liens et de ses entraves, et conduisez-le sur les hauteurs calmes et lumineuses que vous habitez ; entraînez-le après vous, nous courrons à l'odeur de vos parfums de vertu, de grâce et de poésie (1).

Mais de long-temps encore les ordres religieux ne seront en mesure de prendre la direction de l'art ; de long-temps l'Église ne sera assez libre et assez riche pour le prendre à son service et lui ouvrir le trésor de ses inspirations et de ses largesses. Puis donc que l'Église ne peut aller à l'art, que l'art aille à l'Église, et que nos artistes chrétiens, remplaçant aujourd'hui les moines artistes, travaillent à reconstruire la synthèse de l'art, le ramènent par l'élan et la soumission de leur génie sous l'autorité maternelle de l'Église, et préparent leur voie aux moines artistes et inspirateurs. A l'exemple des savants et des archéologues, qu'ils se réunissent et s'entendent, qu'ils se communiquent leurs idées et leurs procédés, leur enthousiasme et leur poésie, rien n'est saintement contagieux comme le prosélytisme du génie

1) Cant. I, 3.

touché de Dieu ; qu'ils renouvellent ces associations, ces tiers-ordres, ces confréries du moyen-âge qui mettaient en commun tant de grâces et de prières se résumant pour l'artiste en suaves inspirations, en célestes illuminations. « Les peintres de la confrérie, fondée à Florence sous la protection de saint Luc, l'année 1350, avaient leurs réunions périodiques, non pas pour se communiquer leurs découvertes ou pour délibérer sur l'adoption de nouvelles méthodes, mais tout simplement pour chanter les louanges de Dieu et lui rendre des actions de grâces. Avec ces pieuses préoccupations, l'atelier du peintre était pour ainsi dire transformé en un oratoire, et la même chose avait lieu pour le sculpteur, pour le musicien et pour le poète, à cette époque de merveilleuse unité, où tous les genres d'inspiration découlaient de la même source et concouraient instinctivement au même but (1). »

Voilà le véritable moyen pour les artistes chrétiens de se mettre en communication avec l'Église, par des études sérieuses sur la théologie, la liturgie et la légende, sur saint Thomas, Guillaume Durand et Jacques de Voragine; par la pratique des vertus chrétiennes qui seules donneront l'intelligence et l'amour de l'élément surnaturel qui doit être comme la sève intérieure, l'arome et le parfum de l'art chrétien; par des associations, des confréries, des prati-

(1) *De la poés. chrét.* etc., ch. III, p. 88-89.

ques pieuses et des communications fraternelles qui réchaufferont les cœurs et inspireront les âmes. Voilà le moyen de se mettre en communication avec le peuple chrétien qui comprendrait alors ceux qui parlent la même langue que lui, la langue de la foi et de la prière, et qui récompenserait, par son admiration devant les hommes et par sa prière devant Dieu, l'enseignement de vérité et l'exemple de vertu qui lui serait donné. Or, tout autre but est indigne de l'art; toute autre gloire est vaine pour l'artiste chrétien.

Il semble inutile maintenant d'examiner si les formes employées jusque-là par les artistes chrétiens du moyen-âge seront les seules formes de l'art chrétien dans l'avenir; si, entre autres, le système gothique devra servir de modèle éternel à nos artistes renaissants. Dans ses éléments intimes, comme dans son expression à l'extérieur, l'art, nous l'avons vu, est en rapport avec la foi, se développe selon la mesure de la foi, décroît et s'éteint comme elle: puisqu'il en est, pour ainsi dire, l'enveloppe et l'écorce, il en doit suivre les vicissitudes. De nos jours, si l'art chrétien renaît, c'est que la foi des anciens jours renaît aussi; les différentes formes de l'art sont comme ces frondaisons nouvelles qui s'épanouissent au premier soleil d'avril, et qui annoncent le retour du printemps, indiquent le mouvement de la vie et de la fécondité. Ce que nous voyons dans le présent avait lieu dans le passé : si l'art chrétien reprend pour ses formules les formules mêmes et les types du moyen-âge, c'est qu'à nulle autre époque la foi ne fut plus ardente, la pitié plus tendre, la poésie plus abondante et plus pure; c'est que jamais, comme au xiiie siècle, l'art ne fut une plus puissante prédication de la foi, une formule plus naïve et plus tendre de la piété, une source plus fraîche de poésie. Il ne faut donc pas voir dans ce retour aux formes gothiques le despotisme de quelques hommes de science et de talent, la fantaisie des artistes ou l'engouement de la mode; il faut y voir la loi mystérieuse et profonde des affinités qui, à travers cinq siècles, produit les mêmes effets des mêmes causes, et attire l'un vers l'autre deux sentiments nés de la même source. L'art du moyen-âge rappelle cette fable de la fontaine Aréthuse : à travers les impuretés de la renaissance et le paganisme des trois derniers siècles, nous voyons sourdre au milieu de nous ses plus pures eaux.

Il fallait donc que l'art chrétien renaissant s'emparât des formes du xiiie siècle, s'inspirât de ses types, admirât ses œuvres et s'essayât à les imiter. Devra-t-il le faire long-temps encore, et ne pourra-t-il un jour, sortant des entraves gothiques, plein d'une vie originale et propre, se développer libre et puissant dans son essor vers le ciel? C'est une question à laquelle pourront seuls répondre la renaissance de la foi, la liberté de l'Église, l'état moral des sociétés et des âmes. Quand nous aurons amassé autant de trésors, de vertus et de lumières, de mortifications et de pénitences, de perfection chrétienne, de grâces enfin que le moyen-âge, alors peut-être, et seulement alors, l'art chrétien pourra sortir de son domaine classique et se déployer vers des sphères plus élevées. « Nous pouvons croire, disent de savants docteurs de l'université de Cambridge, que l'architecture chrétienne, vers l'an 1300, si elle avait été lancée dans une autre voie et dans des circonstances plus favorables, eût pu atteindre une gloire incomparable, et qu'elle n'atteindra peut-être que lorsque toute l'église catholique sera en paix dans l'unité (1). »

Alors sans doute, lorsque l'Église rentrera en possession des sociétés et des âmes que le schisme et l'hérésie lui ont enlevées, alors elle trouvera une formule nouvelle d'art pour exprimer la nouvelle et incommensurable joie de son âme, un type inconnu capable de résumer l'élan de sa reconnaissance, le cantique de ses lèvres et les aspirations de son cœur dans la terre de l'exil. Mais, jusque-là, il faut se tenir humblement, pieusement et persévéremment à l'école de nos ancêtres du moyen-âge, croire, espérer, aimer comme eux, pour édifier, peindre, chanter comme eux. Gardons avec amour, répétons avec enthousiasme, ces formules de leur culte et de

---

1) *Du symbolisme dans les Églises du moyen-âge*, par MM. MASON NEALE et BENJ WEBB, ch. X, p. 253.

leur prière; nous serons long-temps sans doute à atteindre la perfection de leur art, comme à nous élever à la perfection de leur âme.

A ce sujet, un pieux hagiographe, plein de science et de talent, qui connaît et admire le moyen-âge, a écrit : « Qu'on y prenne garde, l'art ne peut plus remonter au moyen-âge; sa destinée n'est pas une imitation servile de ce qu'ont fait nos aïeux. Ce serait alors une fausseté et un mensonge. Les artistes chrétiens exprimaient ce qu'ils sentaient, ce qu'ils éprouvaient au milieu de la société où se développait leur génie. Nous, ne vivant plus dans le même monde, nous n'avons plus les mêmes émotions; après la rude et malheureuse éducation des deux siècles incrédules qui nous ont précédés, nous ne pouvons plus avoir la naïveté de l'enfance; nous sommes entrés dans la sérénité grave et forte de l'âge viril; et nous ne pouvons travailler à la régénération de l'art chrétien qu'en joignant une étude approfondie de la forme, une grande perfection du dehors, à la sainte illumination du dedans, à l'incessante contemplation des vieux maîtres (1). »

Ces lignes contiennent une erreur d'appréciation, et sont l'illusion d'un esprit qui voudrait rester fils de son siècle en admirant les siècles passés. Nous devons nous tenir à l'imitation servile de

---

(1) CHAVIN DE MALAN. *Histoire de saint François d'Assise*, ch. XVI.

ce qu'ont fait nos ancêtres dans le domaine de l'art, parce qu'ils l'ont fait mille fois mieux que nous ne pourrions faire nous-mêmes, sans foi et sans inspiration comme nous sommes, et parce que cette imitation intelligente et attendrie nous révélera les trésors de leur foi, en nous initiant à la pratique de leurs types et de leurs procédés. Imitons, imitons sans cesse, avec l'esprit et avec le cœur, comme avec la main, jusqu'à ce que nous sentions en nous l'élan et l'originalité du génie, jusqu'à ce que nous puissions posséder en nous-mêmes le mouvement de la vie et de l'inspiration.

Et d'ailleurs, est-il bien vrai que nos ancêtres étaient à l'âge de la naïve enfance, tandis que nous sommes arrivés à la gravité de l'âge viril? Il est vrai, nos ancêtres du moyen-âge avaient le cœur enfant, délicieusement enfant; c'est ce que demande le divin Sauveur; mais leur intelligence avait autant de clartés que la nôtre, peut-être, et leur bras était aussi fort. Nous-mêmes ne penchons-nous pas plutôt vers la décrépitude que nous ne nous avançons vers la sévérité grave et forte de l'âge mûr? Notre cœur blasé, notre esprit sceptique, et notre corps usé, nous ne pouvons vivre d'une vie que nous n'avons plus; il faut renaître. — *Oportet nasci denuò* (1). Renaître par l'esprit, renaître par le cœur, renaître à la naïveté de foi, à la simplicité d'obéissance, à la

---

(1) JOAN. III-7.

fraîcheur de poésie, à l'élan d'enthousiasme de nos ancêtres. Qui pense, comme le dit M. de Montalembert, à ressusciter le moyen-âge? Mais c'est nous qui devons ressusciter. — *Spiritus ubi vult spirat, et vocem ejus audis* (1). L'esprit souffle où il veut; il peut souffler en nous si nous l'appelons de nos désirs et de nos prières; et déjà nous entendons sa voix, dans ce renouvellement de la science et de la foi, dans cette renaissance de l'art et de la poésie; et il reprend en nous une vie nouvelle, il se dégage des sens, et aspire aux choses d'en haut; et il anime les mêmes formes qu'il animait au moyen-âge; il se revêt des mêmes symboles, parce qu'il a la même foi, les mêmes espérances, le même amour. Pour exprimer ces choses divines, où trouver des formules plastiques plus exactes à la fois, et plus mystiques, plus réelles et plus symboliques, plus naïves et plus profondes, plus orthodoxes et plus poétiques? Oh! oui, nous en serons réduits long-temps à inviter le moyen-âge pour renouer les traditions hiératiques, relâchées au penchant du xive siècle, et rompues à la fin du xve par cette funeste renaissance qui détruisit le règne de Dieu dans tout le domaine de l'intelligence pour y substituer le règne de l'homme. Là, est la source pure de l'art et de la poésie; là, est l'ardente foi et la tendre piété; là, sont les grands saints et les grandes œuvres; là, surtout,

(1) JOAN. III-8.

est le règne libre et souverain de l'Église. Ne prétendons pas à l'originalité, tant que nous n'aurons pas une vie propre; ne rougissons pas d'imiter nos ancêtres, nous qui n'avons pas rougi d'imiter les Grecs et les Romains, du moins nous ne sortirons ni de notre histoire ni de notre foi. Leurs traditions sont notre héritage, leurs œuvres notre patrimoine, leurs inspirations la voix même de leur esprit qui nous parle du monde invisible. Écoutons cette voix avec respect, gardons cet héritage avec vénération, travaillons ce patrimoine avec ardeur, nous avancerons ainsi dans les sociétés et dans les âmes la restauration du règne de Jésus-Christ; lumière pour l'esprit, amour pour le cœur, irradiation de la beauté divine pour l'art chrétien.

TABLE DES MATIÈRES.

	Pages.
PRÉFACE. — A M. Didron aîné, directeur des *Annales archéologiques*...	5
CHAPITRE Ier. — De l'art en général...................	13
CHAPITRE II. — De l'art païen et de l'art chrétien.	35
CHAPITRE III. — Du moyen-âge et de la renaissance.	64
CHAPITRE IV. — De la mission de l'art chrétien....	93
CHAPITRE V. — De la foi, principe de l'art chrétien.	116
CHAPITRE VI. — De la piété, inspiration de l'art chrétien...	138
CHAPITRE VII. — Des moines artistes................	164
CHAPITRE VIII. — Du présent et de l'avenir de l'art chrétien. — CONCLUSION.............................	194

Librairie archéologique de Didron
13, rue Hautefeuille.

Pour paraître prochainement :

SAINT BONAVENTURE ET LE MOYEN-ÂGE

Poésies mystiques et liturgiques du docteur Séraphique, précédées d'une introduction sur les formes de la poésie au moyen-âge, par l'abbé J. SAGETTE. — 2 fr.

On trouve à la même Librairie :

COURS DE DESSIN CHRÉTIEN,

Fac-similés des vieilles peintures de l'Italie, du XIIe au XVIe siècl.
Par RAMBOUX,
Conservateur du Musée de la ville de Cologne.
Soixante planches grand in-f°. — L'ouvrage complet, 105 fr.

PAGANISME DANS L'ART CHRÉTIEN,
Par DIDRON aîné.
In-4° de 22 pages avec 2 gravures sur métal par Gaucherel,
Assomption de la Vierge habillée en sainte au XIIIe siècle,
déshabillée en Vénus au XVIe. — 2 fr. 75 c.

MANUEL D'ICONOGRAPHIE CHRÉTIENNE,
Par DIDRON aîné.
In-8° de 528 pages, 483 sujets historiques, 1,100 personnages
de l'ancien et du nouveau Testament. — 10 fr.

MANUEL D'ARCHITECTURE RELIGIEUSE,
Par PEYRE et DESJARDINS.
In-12 de 262 pages avec 24 gravures sur acier donnant
162 exemples différents. — 5 fr.

L'OFFICE DU XIIIe SIÈCLE,
PUBLIÉ D'APRÈS LE MANUSCRIT ORIGINAL,
Par DIDRON aîné.
In-4° de 32 pages de texte et de 24 planches gravées.
ORDINAIRE DE LA MESSE.
Noël, Pâques, Ascension, Pentecôte, Fête-Dieu. — 15 fr.

Périgueux, imprimerie d'Auguste BOUCHARIE.

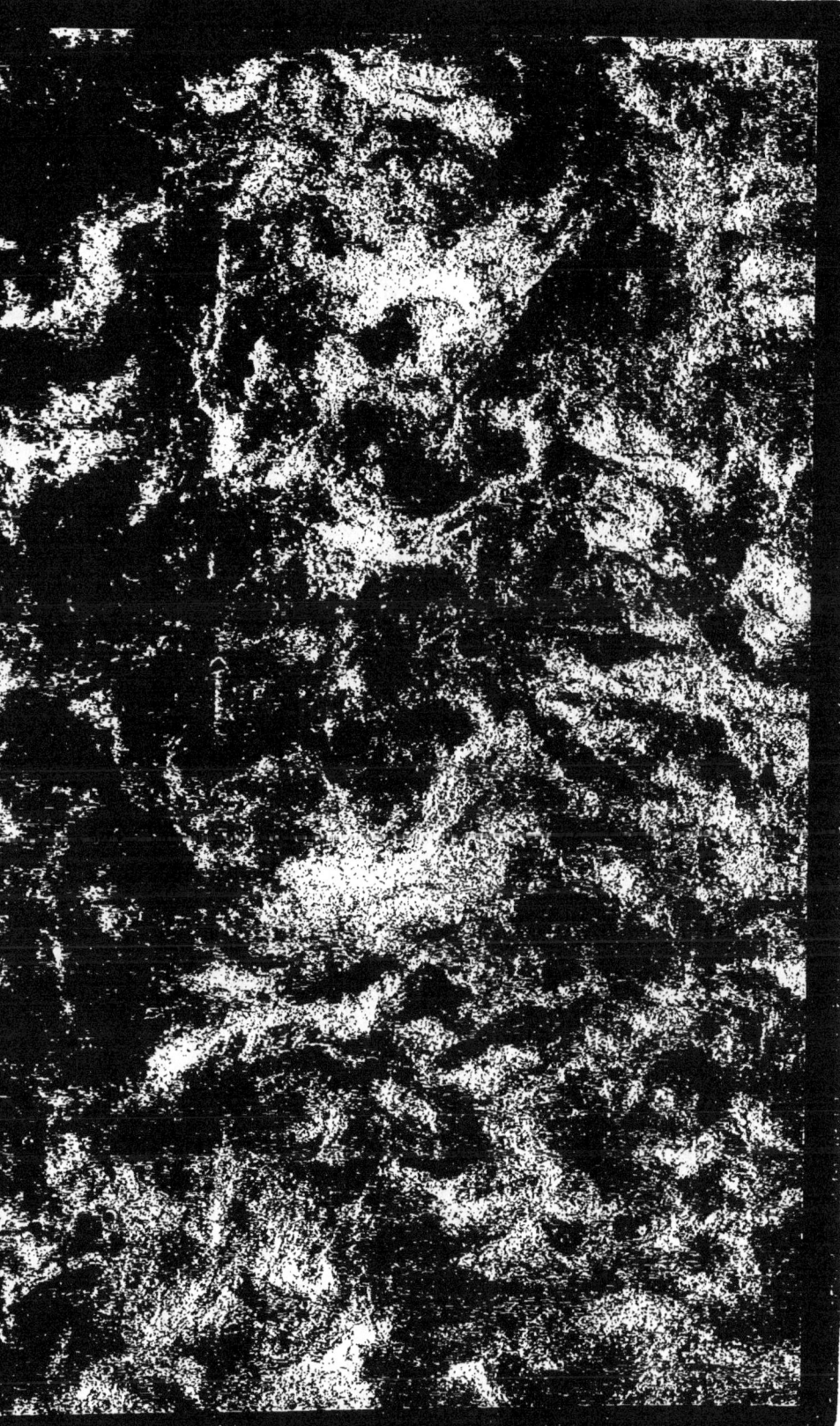

www.ingramcontent.com/pod-product-compliance
Lightning Source LLC
Chambersburg PA
CBHW050336170426
43200CB00009BA/1621